von Rhamm
Mit Auto und Motorrad durch Kanada, USA, Mexiko

W. R. von Rhamm

Mit Auto und Motorrad

durch Kanada · USA · Mexiko

BUCHELI VERLAG, ZUG/SCHWEIZ
PIETSCH VERLAG, STUTTGART

Einbandgestaltung: Siegfried Horn,
unter Verwendung eines Fotos von Dieter Kreutzkamp

Bildquellen:
Autopress (16), Provinz Alberta (5), Künkel (10), Pehlemann (26), USTTA (2), Metzeler (5), Hoschek (1), Archiv (2), US National Park Service (3), Utah Travel Council (3), Romanczuk (6), Brinn (2).

ISBN 3-7168-1711-2

2. Auflage 1989

Satz und Druck: Brönner & Daentler KG, 8078 Eichstätt
Bindung: Buchbinderei Wilhelm Nething, 7315 Weilheim
Printed in Germany

Inhalt

1. Was man vorher wissen sollte

1.01 Warum man in Nordamerika motorisiert reisen sollte

Manche Binsenweisheiten erscheinen uns so selbstverständlich, daß wir sie hinnehmen, ohne uns ihre Dimensionen und ihre Bedeutung zu vergegenwärtigen. Ein Millionär gilt als reich – ein Milliardär ist noch reicher. Genaugenommen sogar viel reicher, denn wir wissen ja, daß tausend Millionen einer Milliarde entsprechen. Was dieser Unterschied aber wirklich bedeutet, macht uns erst ein anschaulicher Vergleich klar.

Wenn wir einmal annehmen, daß zehn aufeinandergestapelte und gepreßte Hundertmarkscheine einen Millimeter dick sind, dann ist ein Eine-Million-Mark-Stapel einen Meter hoch. Immerhin! Ein entsprechender Stapel im Wert von einer Milliarde Mark aber ist einen Kilometer hoch, mehr als sechsmal so hoch wie der Kölner Dom! Wenn wir zum Aufschichten des Eine-Million-Mark-Stapels eine Stunde benötigen, müßten wir sechs Wochen lang pausenlos Tag und Nacht mit gleichem Tempo schichten, um den Eine-Millarde-Mark-Stapel aufzubauen!

So ähnlich verhält es sich mit der Binsenweisheit, daß Amerika groß ist. In diesem Buch beschäftigen wir uns nicht mit dem gesamten amerikanischen Kontinent, sondern lediglich mit Nordamerika, also mit den drei Ländern Kanada, USA und Mexiko, die problemlos und beliebig mit allen Verkehrsmitteln bereist werden können.

Nur: diese drei Länder sind bereits 85mal so groß wie die Bundesrepublik Deutschland und mehr als doppelt so groß wie ganz Europa! Dabei ist auch Europa schon viel größer, als wir es von unseren Reisen her kennen, denn weit mehr als die Hälfte davon liegt im Ostblock, in dem wir ja leider nicht so freizügig reisen können.

Wer Nordamerika bereisen will, um Land und Leute kennenzulernen, hat im Prinzip nur drei Möglichkeiten:

- er kann ganz gemütlich zu Fuß oder mit dem Fahrrad losziehen; dann wird er allerdings nur einen sehr kleinen Teil des Landes und seiner Bewohner kennenlernen, selbst wenn er viele Jahre unterwegs ist.
- er kann mit öffentlichen Verkehrsmitteln, also mit dem Flugzeug, mit Bus oder Bahn von einem interessanten Ort zum nächsten reisen und die Umgebung dieser Orte dann nach Belieben erkunden; ihm entgeht dabei natürlich alles, was unterwegs an der Strecke zwischen den Stationen liegt.
- er kann mit einem Motorfahrzeug, mit dem Auto oder dem Motorrad, reisen.

Die letzte Möglichkeit ist zweifellos die beste. Man kann unabhängig und ungebunden in relativ kurzer Zeit weite Strecken zurücklegen, sich umschauen und überall dort beliebig lange verweilen, wo es schön und interessant ist. Auch ist man bei der Ausrüstung nicht auf die absoluten Notwendigkeiten beschränkt, während man sich als Rucksack- oder Fahrrad-Reisender recht genau überlegen muß, wo man die Grenze zieht. Selbst an der Fotoausrüstung, die es uns ermöglicht, interessante Erlebnisse und Stationen der Reise festzuhalten, müssen Rucksackreisende sparen.

Nun gelten diese Vorteile des motorisierten Reisens grundsätzlich nicht nur für Nordamerika, sondern für alle großräumigen Reiseländer. Es gibt aber auf der ganzen Welt keine andere Region, die einerseits zusammenhängend und ohne schwer überwindbare politische oder geographische Grenzen bereist werden kann und andererseits eine auch nur annähernd vergleichbare Ausdehnung hat. Ein gewaltiges Land wie Indien hat nicht einmal ein Sechstel der Fläche von Nordamerika; der gesamte australische Kontinent hat nur etwa ein Drittel der Fläche; Südamerika ist deutlich kleiner; Afrika ist wohl insgesamt größer, aber wegen der diversen politischen und geographischen Probleme nicht unbeschränkt zu bereisen; ähnliches gilt für Asien.

Es ist aber nicht nur die Größe, die Nordamerika für motorisiertes Reisen prädestiniert wie kein anderes Gebiet dieser Erde. Voraussetzung für Reisen mit dem Auto und dem Motorrad sind natürlich Straßen, und das Straßennetz in Nordamerika findet auf der Welt nicht seinesgleichen. Selbst im Norden reicht es dicht geknüpft bis etwa zum 55. Breitengrad; man kann auch noch weiter nach Norden vorstoßen, und das nicht nur auf der berühmten Alcan, dem Alaska-Canada-Highway. Der hohe Norden wird immer besser durch Straßen erschlossen.

Über die Straßen in den USA zu reden, erübrigt sich fast. Amerika ist ein Autoland, die Straßen sind vorzüglich. In Mexiko reichen sie nicht nur bis zur südlichen Landesgrenze nach Guatemala, sondern sogar durch ganz Mittelamerika, auch wenn dort häufig die politischen Wirren motorisierte Reisen nicht ratsam erscheinen lassen. Wer will, kann auf guten Straßen von Alaska aus bis nach Panama vorstoßen; dort erst endet dann die Fahrt am Darien Gap, einem etwa 85 Kilometer breiten, unwegsamen Dschungelstück zwischen Panama und Kolumbien, das die Durchfahrt nach Südamerika verhindert und die »Traumstraße der Welt« unterbricht.

Wer nun aber meint, sich bei einem derart gut ausgebauten Straßennetz permanent durch eine Kulturlandschaft zu bewegen, vergißt schon wieder die Größe des Landes, die unglaubliche Weiträumigkeit. In der Bundesrepublik drängen sich 250 Einwohner auf einem Quadratkilometer, und dennoch gibt es auch bei uns relativ dünn besiedelte Gebiete, in denen man die Andeutung einer unberührten Natur ahnen kann. In Nordamerika sind es aber nur 14 Einwohner pro Quadratkilometer! Ungeheure Gebiete sind praktisch menschenleer und bis auf die Straßen, die sie durchschneiden, noch im Urzustand. Das gilt nicht nur für die Gebirgsregionen der Rocky Mountains, die den Kontinent in seiner gesamten Länge durchziehen, für die unwirtlichen Wüsten im Südwesten der USA und in Mexiko oder für die gewaltigen Gebiete im kanadischen Norden (in den Northwest Territories, mehr als 13mal so groß wie die Bundesrepublik, leben nur 40000 Menschen). Selbst im Neuengland-Staat Maine an der Ostküste leben nur 14 Menschen auf einem Quadratkilometer; in der bevölkerungsreichsten kanadischen Provinz Ontario sind es acht Menschen, und die konzentrieren sich zudem auf einen schmalen Streifen entlang der großen Seen. Meidet man den Osten und die Großstädte, gibt es überall in Nordamerika entlang der vorzüglichen Fernstraßen »Natur satt«.

Motorisiertes Reisen kostet Geld, vor allem für Treibstoff, um die riesigen Distanzen zu überwinden. Bevor Sie aber Ihre Treibstoffkosten überschlagen und einen Schreck bekommen, sollten Sie zwei Dinge bedenken. Erstens einmal verbraucht man verblüffend wenig, wenn man sich gezwungenermaßen an die 88 km/h Höchstgeschwindigkeit hält, die vorgeschrieben sind – eine Vorstellung bekommen Sie durch die Verbrauchsangabe nach ECE-Norm für 90 km/h. Zweitens gehören alle drei Länder zu den erdölproduzierenden; Treibstoff ist für unsere Verhältnisse ausgesprochen billig. Auch von den Kosten her ist also Nordamerika für motorisierte Reisen das gelobte Land.

Wer reist, wird sich über die amtlich verordnete Höchstgeschwindigkeit nicht ärgern und die geruhsame Fahrt genießen. Außerdem kommt man auch mit 88 km/h rascher voran, als man glauben möchte. Von San Antonio an der mexikanischen Grenze bis nach Alaska beträgt die reine Fahrzeit etwa hundert Stunden, nicht mehr. Sie können sich also selbst ausrechnen, daß Sie notfalls in zwei Wochen diese gewaltige Strecke abspulen, sich aber auch viele Monate Zeit dafür lassen können.

Was die Geschwindigkeit anbelangt, spielt dabei die Art des Fahrzeugs keine Rolle – mit einem schnellen Sportwagen muß man sich ja auch an die Höchstgeschwindigkeit halten und kommt nicht schneller voran als mit einem Lkw; im Gegenteil fahren die Lkw-Fahrer meist am schnellsten, weil sie durch CB-Funk miteinander in Verbindung stehen und sich vor Radar-Kontrollen warnen.

Die nordamerikanischen Länder sind außerordentlich stark vom Auto geprägt worden. Wegen der großen Entfernungen hat sich nur das Flugzeug zu einer Alternative entwickeln können und wird viel häufiger und selbstverständlicher benutzt als bei uns, nicht nur von Geschäftsleuten. Landgebundene öffentliche Verkehrsmittel hingegen, also Bahn und Bus, haben stark an Bedeutung verloren, auch die berühmt gewordenen Greyhound-Busse. Von wenigen Ausnahmen abgesehen, sind öffentliche Verkehrsmittel in Privatbesitz und gewinnorientiert; stimmt der Gewinn nicht mehr, wird die Strecke eingestellt, ohne daß, wie bei unseren staatlichen Verkehrsmitteln, soziale Aspekte zu berücksichtigen sind. Deshalb ist parallel zu der wachsenden Bedeutung des Autos das Netz der landgebundenen öffentlichen Verkehrsmittel immer dünner geworden.

An den Autostraßen gibt es zahlreiche Übernachtungsmöglichkeiten, die eine ähnliche Funktion erfüllen wie unsere an Fernstraßen gelegenen Gasthäuser zur Postkutschenzeit; das Motel ist eine amerikanische Erfindung, konsequent auf Autofahrer zugeschnitten. Man kann dort meistens direkt vor der Zimmertür parken. Schon von der Straße aus kann man an Leuchtschildern erkennen, ob noch Zimmer frei sind oder nicht. Ein Frühstück gibt es in Motels meist nicht.

Campingplätze liegen ebenfalls an Autostraßen und sind nicht entfernt mit dem zu vergleichen, was uns meist hier in Europa zugemutet wird. Selbstverständlich hat jeder Platz für Zelt oder Wohnwagen soviel Freiraum, daß man von keinem Nachbarn belästigt wird, ihn oft hinter Büschen und Hecken weder sieht noch hört. Selbstverständlich ist ein Tisch mit Bänken und ein Grill, meist auch ein Feuerplatz samt gespalte-

„Ich glaube, wir müssen allmählich weiterfahren".

nem Holz. Über die Anschlüsse für Versorgungsleitungen wird noch zu reden sein.

Kurzum: wenn es irgendein Gebiet auf der Erde gibt, in dem Motorreisenden das Leben leicht gemacht wird, dann ist es Nordamerika. Für sie ist es wirklich das gelobte Land!

1.02 Lohnt es sich, das eigene Fahrzeug mitzunehmen?

Wer in Amerika motorisiert unterwegs sein möchte, hat zwei Alternativen: er kann das eigene Fahrzeug mitnehmen, oder er kann in Amerika ein Fahrzeug kaufen bzw. leihen.

Das uns vertraute eigene Fahrzeug hat natürlich einige Vorteile, zumal, wenn es sich um ein auch in Amerika vertretenes Fabrikat handelt, für das es keine Wartungs- und Ersatzteilprobleme gibt. Die Frage ist nur, ob der für die Überführung erforderliche Aufwand vertretbar ist.

Das »Mitnehmen« ist natürlich nicht ganz wörtlich zu verstehen, denn in der Regel werden wir fliegen, das Auto oder Motorrad aber per Schiff verfrachten. Erkundigt man sich nach den Frachtkosten, macht man eine erfreuliche Entdeckung. Nachdem man nämlich erfahren hat, daß die Frachtkosten sich auch für Autos üblicherweise am von ihnen eingenommenen Stauraum orientieren und nicht billig sind, stößt man bald auf das Angebot der Deutschen Großtransport-Gesellschaft (Deugro) in Emden (Telefon 27173), die darauf spezialisiert ist, deutsche Pkw für den Amerika-Export zu verschiffen, vor allem von VW/Audi.

Die Deugro-Schiffe fahren mehrmals monatlich nicht nur an mehrere Häfen der Ostküste, sondern auch an einige Häfen der Westküste bis hinauf nach Vancouver. Der Transport eines Motorrads an die Ostküste kostet ca. 600 DM, ein Auto der Mittelklasse um 500 Dollar (US), ein VW-Bus um 550 Dollar. Bei VW- und Audi-Fahrzeugen ist in den Frachtkosten sogar eine Versicherung enthalten. Besonders attraktiv ist die Deugro wegen des geringen Aufschlags von etwa 120 Dollar für den Transport eines Pkw zur Westküste.

Wer nicht mehrere Monate Zeit hat, sollte auf jeden Fall seine motorisierte Amerika-Reise im Westen beginnen. In Mexiko mag das nicht so wichtig sein, aber in Kanada und den USA ist der Westen unvergleichlich attraktiver als der Osten – es gibt wohl niemand, der dazu eine andere Ansicht vertritt. Bei den gewaltigen Entfernungen des amerikanischen Kontinents aber geht einfach zu viel von der wertvollen Reisezeit für die Fahrt von der Ost- zur Westküste verloren.

Die Entfernung von New York nach San Francisco beträgt beispielsweise 5000 Kilometer. Da man auf keiner US-Straße schneller as 88 km/h fahren darf, unterwegs tanken und gelegentlich etwas essen muß, vielleicht auch hin und wieder bei einer Sehenswürdigkeit kurz verweilt, kommt man allenfalls auf eine Tagesstrecke von 500 Kilometern. Das bedeutet, daß man zehn Tage bis zur Westküste unterwegs ist. Es bedeutet auch, daß man allein an Benzinkosten für diese Strecke mehr als das Doppelte des Westküsten-Aufschlags der Deugro ausgibt, von sonstigen Kosten ganz zu schweigen.

Der Kauf eines Fahrzeugs in Amerika ist meist erst ab einer Reisezeit von zwei Monten überlegenswert. Bei einem Kostenvergleich muß man also für eine kürzere Aufenthaltsdauer die Mietwagen-Kosten zugrunde legen. Wie bei uns ist die Wochenmiete nach den darin enthaltenen Frei-Kilometern (bzw. Frei-Meilen) gestaffelt und beginnt bei einem Motorrad etwa bei 70 Dollar, bei einem Pkw bei 100 Dollar und bei einem Wohnmobil kaum unter 500 Dollar. Es scheint also, daß ein Motorrad- oder Pkw-Transport sich schon ab einer Reisedauer von etwa vier Wochen lohnt.

Es scheint aber nur so. Zunächst einmal handelt es sich bei den Preisangaben um den einfachen Transport von einem deutschen Hafen nach Amerika, also ohne Rücktransport. Ärger aber ist noch, daß es bei der Deugro keine Möglichkeit gibt, das Fahrzeug auch wieder zurückzutransportieren, da die Schiffe für die Rückfahrt andere Ware transportieren und keine Autos mitnehmen.

Natürlich gibt es an der Ostküste genug andere Möglichkeiten, das Fahrzeug wieder nach Deutschland zu verfrachten, und wenn man sich Mühe gibt, liegen die Kosten dafür nicht einmal wesentlich über jenen der Deugro. Von der Westküste aus wird der Spaß aber fast unbezahlbar, und es gibt auch viel weniger Transportgelegenheiten. Will man also das Fahrzeug wieder nach Deutschland zurückbringen, sollte die Reise an der Ostküste enden und bei einem Motorrad oder Pkw wenigstens drei Monate dauern.

Günstiger sieht es mit dem Wohnmobil aus, da die Frachtkosten eines VW-Busses nur wenig über jenen eines Pkw liegen, die Mietkosten aber erheblich. Setzt man den Hintransport mit der Deugro zur Westküste und den Rücktransport mit einer anderen Reederei von der Ostküste zusammen mit maximal 2000 US-Dollar (Preisbeispiel 1986/87 für VW-Bus; größere Wohnmobile sind wesentlich teurer!) an, würde sich das eigene Wohnmobil schon ab einer Reisedauer von etwa einem Monat lohnen.

Es gibt aber nicht unbeträchtliche Schwierigkeiten zu überwinden. Schon der Transport zur Ostküste dauert etwa zehn Tage, zur Westküste noch ungleich länger; eine pauschale Fahrzeit kann schlecht angegeben werden, weil die Schiffe unterwegs noch andere Häfen anlaufen und dort einen sehr unterschiedlichen Aufenthalt haben. Das Fahrzeug muß rechtzeitig vor der Abfahrt sowohl von Deutschland als auch von Amerika zum jeweiligen Hafen gebracht werden, wobei die Abfahrt sich nicht unbedingt nach unseren eigenen Terminvorstellungen richtet und oft erst wenige Tage zuvor bekanntgegeben wird. Das hat dann u. a. den Nachteil, daß man Schwierigkeiten bekommt, ein günstiges Flugticket nach Amerika (bzw. zurück nach Deutschland) zu erstehen, weil ABC- und Apex-Tickets 30 Tage vor Abflug gebucht und bezahlt werden müssen.

Das Transportrisiko ist relativ hoch, nicht so sehr, was Beschädigungen am Fahrzeug anbelangt, als vielmehr durch Diebstahl. Das Fahrzeug selbst ist auf See und auch im Hafen sicher, aber alles, was demontierbar ist, keineswegs. Autos müssen rangiert werden, dürfen also nicht abgeschlossen sein, so daß auch Radios oft verschwinden. Wohnmobile dürfen nur eine fest eingebaute Einrichtung, nicht aber eine Ausrüstung enthalten. Das bedeutet, daß man sich drüben neu ausstatten muß und diese Ausstattung nicht mit zurückbringen sollte.

Nun gibt es noch eine scheinbar naheliegende andere Möglichkeit: man verkauft sein Fahrzeug am Ende der Amerika-Reise, spart also Kosten und Aufwand für den Rücktransport. Will man Kleinanzeigen in einschlägigen Zeitschriften glauben, kann man mit privat nach Amerika exportierten Fahrzeugen bei dem Verkauf sogar noch ein Geschäft machen und damit einen Teil der Reisekosten decken!

Schön wäre es ja. Immerhin lohnt es, diese Möglichkeit etwas näher zu untersuchen.

Die Preise bestimmter europäischer Luxus-Autos liegen in Amerika teilweise um mehr als 100 Prozent über den deutschen Preisen. Da diese Autos auch bei uns nicht billig sind, ist also die Differenz ganz beträchtlich. Interessant sind insbesondere Mercedes, BMW und Porsche, z. T. auch Audi.

Um in Amerika zugelassen zu werden, müssen die Fahrzeuge den dortigen DOT- und EPA-Bestimmungen entsprechen (DOT = Department of Transportation, EPA = Environmental Protection Agency). Hinzu kommt bei einem Export der Zoll (2,8%).

Noch ärger ist der »bond«, eine Kaution in Höhe des Fahrzeugwerts. Sie wird einbehalten, bis die endgültige DOT-/EPA-Freigabe erfolgt ist; vorher darf das Fahrzeug nicht verkauft werden. Die Freigabe kann mehrere Monate dauern.

Schließlich bekommt man für das Fahrzeug drüben nicht den vollen

Preis, den ein gleichwertiges, offiziell importiertes Fahrzeug bringt. Bei uns spielt der Grauimport im Wiederverkauf keine große Rolle, aber in Amerika haben die offiziell eingeführten Autos eine viel längere Garantie von bis zu vier Jahren. Zudem sind alle Teile, die umgebaut wurden, um den Vorschriften zu entsprechen, von der Garantie ausgenommen.

Ein Umbau kostet für ein Gebrauchtfahrzeug ebensoviel wie für ein Neufahrzeug, und da wir mit dem eingeführten Auto ja selbst zunächst herumreisen wollen, wird es dadurch automatisch zum Gebrauchtwagen, selbst wenn wir ihn hier neu gekauft haben. Auf den Neupreis muß man bis zu 20000 DM für die nachträgliche Umrüstung rechnen, wobei Zoll und eine Bond-Versicherung enthalten sind. Rechnet man nun den zu erzielenden Gebrauchtwagen-Preis dagegen, wird man wohl bestenfalls mit einem blauen Augen davonkommen und muß erst einmal sehr viel Geld investieren und riskieren.

Verlieren Sie aber nicht gleich den Mut. Seit es auch bei uns Katalysator-Autos gibt, ist die Haupthürde für den EPA-Test genommen und die DOT-Umrüstung ist mit etwa 1500 Dollar relativ billig. Viel interessanter aber ist ein anderer Trick. Jeder Importeur – und das sind in diesem Fall ja auch Sie – darf einmal ein Auto in den USA zulassen, das nicht den EPA-Vorschriften entsprechen muß, wenn es mindestens fünf Jahre alt ist (ausgenommen in Kalifornien). Es bietet sich also an, einen als Wohnmobil ausgebauten, mindestens fünf Jahre alten VW-Bus, der auch drüben gern gefahren wird, in die USA zu importieren, ihn am Ende der Reise zuzulassen und zu verkaufen. Hat er eine Verbundglas-Windschutzscheibe, wird es oft gelingen, ihn ohne sonstige Umrüstungen zuzulassen – man sieht so etwas weniger eng als bei uns. Ein drüben zugelassenes Auto aber ist problemlos zu verkaufen.

Soll das Fahrzeug nach der Reise wieder nach Deutschland zurückgebracht werden, gibt es keinerlei bürokratische Probleme. Es behält die deutsche Zulassung, man muß also hier Steuer und Versicherung weiterbezahlen. Das ist ärgerlich, weil man weder die deutschen Straßen benutzt noch die Versicherung für Schäden in Amerika aufkommt, so daß man ohnehin dort eine eigene Versicherung abschließen muß. Dort ist das billiger, als bei einer amerikanischen Gesellschaft bereits hier einen Vertrag abzuschließen. Diese Versicherung gilt für die USA und Kanada; für Mexiko ist eine eigene Versicherung abzuschließen, am besten an der Grenze. Die Versicherung für USA/Kanada schließt man am einfachsten über den amerikanischen Automobilclub AAA ab, der überall Geschäftsstellen hat.

Ist man hingegen entschlossen, das Fahrzeug drüben zu verkaufen, kann man Steuer und Versicherung in Deutschland sparen und sich eine Zollnummer besorgen. Dazu läßt man sich vom Zollamt eine Nummer nennen, geht zur Zulassungsstelle und tauscht Kfz-Brief, Kfz-Schein und Nummern gegen eine »Internationale Zulassung« mit dem eingetragenen Zollkennzeichen ein. Bei dem Zollamt bekommt man dann gegen Vorlage der Internationalen Zulassung und einer Grünen Versicherungskarte die Zollnummern, mit denen man in Deutschland zehn Tagen fahren darf. Im Ausland darf man theoretisch ein Jahr damit fahren, aber es gibt keine Möglichkeit, den Ablauf zu kontrollieren, so daß man damit praktisch unbegrenzt steuerfrei im Ausland fahren kann.

Wer ein Fahrzeug exportiert, kann zumindest theoretisch die Mehrwertsteuer zurückbekommen, was aber nur bei Neufahrzeugen von Bedeutung ist, da Gebrauchtwagen durch den Handel zur Vermeidung der Mehrwertsteuer meist nur vermittelt werden. Praktisch ist das aber weniger einfach, als es oft geschildert wird. Selbst wer als Privatmann eine Ausfuhrbestätigung vorlegt, kann die Mehrwertsteuer nicht vom Finanzamt direkt zurückverlangen, sondern allenfalls vom Händler. Auch der aber ist zur Rückzahlung nicht verpflichtet. Will man also ein Neufahrzeug mitnehmen, sollte man mit dem Händler gleich eine entsprechende Vereinbarung treffen und keine Mehrwertsteuer bezahlen.

Zusammengefaßt läßt sich feststellen, daß es sich normalerweise nicht lohnt, einen Pkw oder ein Motorrad mitzunehmen. Bei einer Reise von bis zu zwei Monaten sind die Transportkosten und der Aufwand allzu hoch, bei mehr als zwei Monaten erscheint ein Kauf drüben sinnvoller. Eine mögliche Ausnahme ist ein drüben begehrter, fünf Jahr alter Luxuswagen.

Ab einer Reisedauer von etwa zwei Monaten lohnt sich die Mitnahme eines Wohnmobils, insbesondere auf Basis des VW-Busses, durchaus. Will man es drüben verkaufen, müssen Fahrzeuge, die jünger als fünf Jahr sind, den dortigen Abgas-Vorschriften entsprechen. In jedem Fall bleibt es Ihnen nicht erspart, sich vor der Reise selbst nach allen Einzelheiten zu erkundigen, denn es mag sich mancherlei geändert haben, und alle Angaben in diesem Buch sind deshalb ohne Gewähr!

1.03 Ein Fahrzeug drüben mieten oder kaufen – was ist günstiger?

Wie das letzte Kapitel gezeigt hat, lohnt es allenfalls bei längeren Reisen, ein eigenes Fahrzeug nach Amerika zu transportieren, und es ist in jedem Fall mit einigen Umständen verbunden. Ansonsten bleibt für motorisierte Reisende lediglich die Alternative, ein Fahrzeug »vor Ort« zu mieten oder zu kaufen. Was ist günstiger?

Zwei Dinge wirken sich auf die Entscheidung aus: der jeweilige erforderliche Zeitaufwand und das liebe Geld. Wäre dem nicht so, hätten wir es leicht. Mit genügend Kleingeld und Zeit kann man sich so ziemlich jedes Fahrzeug kaufen, ganz nach Lust und Laune. Da gibt es beispielsweise ein sehr schönes Wohnmobil, das auf 12 Metern Länge jeden denkbaren Komfort bietet. Es heißt Bluebird Wanderlodge und gilt als Rolls Royce unter den Wohnmobilen. Ganz billig ist es freilich nicht: so um 350000 muß man schon dafür ausgeben – Dollar! Das ist eine runde Million Mark, wenn der Dollar um drei Mark herum kostet...

Keine Sorge, es gibt auch billigere Wohnmobile und andere Fahrzeuge, neu oder gebraucht. Bevor wir aber auf den Kauf zurückkommen, wollen wir einmal eine kleine Kalkulation durchführen, um zu zeigen, daß eine Fahrzeugmiete stets unverhältnismäßig teuer sein muß.

Als Beispiel soll ein relativ anspruchsvolles Wohnmobil für 40000 Dollar dienen, aber mit entsprechend modifiziertem Kaufpreis trifft die Kalkulation im Prinzip auch für alle anderen Fahrzeuge zu.

Unser Beispiel-Wohnmobil kann allenfalls vier Jahre lang vermietet werden – danach will es niemand mehr haben. Es hat dann einen Restwert von etwa 15000 Dollar. Vermietbar ist es in jedem Jahr nur etwa 150 Tage – wenn der Vermieter Glück hat. Das sind in vier Jahren 600 Tage. Allein zur Deckung des Wertverlustes ist jeder Tag mit 42 Dollar belastet.

Die Zinsen in Amerika sind hoch. Aus der Kapitalbindung errechnen sich weitere 40 Dollar pro Tag. Hinzu kommen die Kosten für Wartung, Versicherung, Reparaturen, unternehmerische Risiken und die Verdienstspanne des Vermieters. Es ist also schon erstaunlich, wenn ein solches Wohnmobil zumindest außerhalb der Hauptsaison für etwa 100 Dollar am Tag gemietet werden kann und nicht noch teurer ist. Meist kommt ein Meilengeld hinzu.

Nun kann man diese 100 Dollar Tagesmiete in ein Verhältnis zwischen Kauf- und Wiederverkaufspreis bringen. Kauft man also das 40000-Dollar-Wohnmobil und verkauft es nach einer ausgedehnten Einjahrestour, hat man vielleicht 15000 Dollar verloren. Für 15000 Dolar kann man ein solches Wohnmobil gerade 150 Tage mieten, wobei allerdings Wartung, Versicherung und Verzinsung des eingesetzten Kapitals unberücksichtigt bleiben. Immerhin zeigt diese Rechnung, daß bei einer längeren Reise ein Kauf stets vorteilhafter sein muß als eine Miete.

Noch viel günstiger wird die Rechnung, wenn man sich kein neues, sondern ein gebrauchtes Fahrzeug kauft. Der Wertverlust ist im ersten Jahr mit Abstand am höchsten und wird danach pro Jahr immer geringer. Allerdings wächst auch mit zunehmendem Alter die Reparaturanfälligkeit.

Für ein gut erhaltenes, etwa zwei Jahre altes Wohnmobil mit einer Laufleistung von etwa 30000 Meilen zahlt man vielleicht die Hälfte des Neupreises, also 20000 Dollar; selbst wenn man Pech hat und nach einem weiteren Jahr noch einmal die Hälfte des Gebrauchtpreises verliert, wären das bei dem 40000-Dollar-Wohnmobil nur 10000 Dollar. Außerdem hat sich der Kapitaleinsatz halbiert. Diese Rechnung ist bewußt pessimistisch; auch muß es ja nicht unbedingt ein Wohnmobil der 40000-Dollar-Klasse sein, und man kann durchaus mit einem älteren und damit billigeren Fahrzeug zufrieden sein.

Nicht zurückschrecken sollte man vor Laufleistungen, die bei uns als hoch gelten. Sie ergeben sich durch die großen Entfernungen auf dem nordamerikanischen Kontinent sehr rasch, werden dann aber unter nahezu optimalen Betriebsbedingungen abgespult: auf Langstreckenfahrten mit gleichmäßigem, niedrigem Tempo. Zudem sind großvolumige amerikanische Automotoren spezifisch niedrig belastet und die Fahrwerke meist primitiv, aber robust. Wenn es um die Lebenserwartung geht, kann man unsere Kilometer in der Laufleistung mit den Meilen gleichsetzen; 100000 Meilen sind noch keine ungewöhnliche oder besondere Laufleistung. Allerdings fehlt in Amerika eine unserem TÜV vergleichbare Institution, die Fahrzeuge in regelmäßigen Abständen auf ihre technische Sicherheit untersucht. Man muß also vor allem ältere Fahrzeuge schon sehr gründlich selbst untersuchen, um nicht hereinzufallen. Fehlen die Fachkenntnisse, kann man über den AAA, den amerikanischen Automobilclub, oder dessen kanadisches Gegenstück CAA, einen Mechaniker zur Begutachtung mieten.

Außer bei japanischen Fahrzeugen sind die Preise neuerer Fahrzeuge an der Westküste höher als an der Ostküste; bei japanischen Fahrzeugen ist das eher umgekehrt, und ältere Fahrzeuge sind praktisch preisgleich. Zudem ist der technische Zustand älterer Fahrzeuge von der Westküste meist besser, und es gibt dort eine größere Auswahl an Freizeit-Fahrzeugen.

Es scheint also viel für den Kauf und einiges gegen die Miete eines Fahrzeugs zu sprechen. Man sollte aber auch nicht den mit einem Kauf und vor allem mit dem späteren Verkauf verbundenen Zeitaufwand, die Nebenkosten und das Reparaturrisiko übersehen; das alles entfällt bei der Miete. Bei einem Kauf muß zunächst einmal ein geeignetes Fahrzeug gefunden werden, und das setzt ausgedehnte Besichtigungen und Preisvergleiche voraus. Wie bei uns findet man Angebote im Kleinanzeigenteil von Tageszeitungen und Händler-Anschriften zudem in den gelben Seiten des Telefonbuches. Meist wird es mehrere Tage dauern, bevor man das richtige Fahrzeug gefunden, zugelassen und versichert hat und schließlich losfahren kann. Während dieser Zeit muß man in einem Hotel wohnen und sich einen Mietwagen nehmen, um die verschiedenen in Aussicht genommenen Fahrzeuge besichtigen zu können. Das alles kostet nicht nur Zeit, sondern auch Geld.

Insgesamt ist es gewiß nicht übertrieben, wenn man für den Kauf eines Fahrzeugs, das uns auf einer längeren Reise zuverlässige Dienste leisten soll, samt aller Formalitäten eine Woche ansetzt. Eine Komplikation ergibt sich noch daraus, daß man eine Anschrift im Land angeben muß, an die der »title« (als Eigentums-Nachweis unserem Kfz-Brief vergleichbar) nachgeschickt werden kann. Keineswegs verzichten sollte man auf eine Versicherung, auch wenn der Nachweis bei der Zulassung nicht immer verlangt wird.

Wie rasch später der Verkauf abgewickelt werden kann, hängt ganz wesentlich davon ab, welche finanziellen Zugeständnisse man bereit ist zu machen. Am schnellsten verkauft man das Fahrzeug an einen Händler, aber der übernimmt das Risiko des Weiterverkaufs und will etwas verdienen, so daß er weniger zahlt als ein Privatmann, den man über Zeitungsinserate, einen Gebrauchtwagen-Flohmarkt oder ein »For sale«-Schild am Auto oder Motorrad gefunden hat. Die Differenz kann ganz erheblich sein; muß man unter Zeitdruck verkaufen, kann das teuer werden. Ohnehin muß man beim Kauf wie Verkauf kräftig handeln; der für ein Gebrauchtfahrzeug ursprünglich geforderte Preis kann immer ganz erheblich heruntergehandelt werden.

Außer den Nebenkosten für Hotel, Mietwagen und teurer Restaurantverpflegung während des Kaufs und des Verkaufs, muß man pro Jahr noch etwa 400 Dollar für Zulassung/Steuer und Versicherung rechnen. Die Versicherung läßt man sich am besten durch den AAA vermitteln.

Ganz einfach ist es nämlich nicht, sie abzuschließen. Zuweilen wird ein US-Führerschein, in fast allen Fällen eine US-Anschrift verlangt. Die Prämie hängt vor allem vom Alter des Versicherungsnehmers ab.

Hat man aus Kostengründen ein älteres Fahrzeug gekauft, kann schon eine mittlere Reparatur, etwa ein Getriebedefekt, den Zeitwert des Fahrzeugs übersteigen. Damit wird dann jede raffinierte Kostenkalkulation hinfällig.

Obwohl ein Kauf von Privat meist billiger ist, wird ein Kauf bei einem Händler oft vorteilhafter sein. Warum?

Zunächst einmal hat man bei einem größeren Händler eine gewisse Auswahl und damit direkte Vergleichsmöglichkeiten. Sodann wird man bei einem Händler schneller sein Fahrzeug finden und kann Zeit sparen, wenn er die Zulassungs-Formalitäten übernimmt. Eventuell können wir sogar mit ihm vereinbaren, daß er das Fahrzeug nach einer bestimmten Zeit und Laufleistung zu einem festgelegten Preis wieder zurücknimmt, wenn die Reise dort endet, wo das Fahrzeug gekauft wurde.

Wenn die Reise nicht allzu lange dauert, kann uns ein autorisierter Händler sogar die Zulassungsformalitäten völlig ersparen. Damit entfällt auch die Steuer und die technische Inspektion, die in vielen Staaten einem Besitzwechsel vorausgeht. Es gibt keine Umstände mit dem Nachsenden des »title« und Sie werden nicht als ein weiterer Besitzer in den »title« eingetragen.

Das alles ist möglich mit einer vorläufigen Zulassung, der »temporary registration«. Sie soll den gleichen Zweck erfüllen wie unsere roten Nummernschilder, also die Zeit zwischen dem Kauf und der ordentlichen Zulassung überbrücken. Allerdings kann die »temporary registration« von den meisten Händlern direkt ausgestellt werden, und sie gilt vier Wochen. Statt eines Nummernschilds erhält man einen Schein mit dem Namen des Besitzers, den Fahrzeugdaten und dem Verkaufsdatum. Diesen Schein bringt man an gut sichtbarer Stelle an der Wagenrückseite an (ohnehin gibt es in vielen US-Staaten kein vorderes Nummernschild).

Nach Ablauf von vier Wochen kann eine zweite vorläufige Zulassung verwendet werden, die man sich gleich beim Kauf vom Händler ausstellen läßt. Vermutlich etwas jenseits der Legalität ist es aber auch möglich, mit dem Händler weitere »temporary registrations« zu vereinbaren, die jeweils vier Wochen gelten.

Alle Probleme entfallen, wenn man sich ein Fahrzeug mietet. Man kann es direkt am Flugplatz übernehmen, sofort losfahren und es – zumindest bei den größeren Vermietern – an irgendeinem beliebigen Ort abgeben, wenn man nicht die Reise am Ankunft-Flughafen beenden will. Dieser Service muß allerdings den Vermietern recht teuer bezahlt werden.

Reparaturen unterwegs gehen zu Lasten des Vermieters. Kommt es zu einer größeren Panne, wird der Vermieter benachrichtigt und besorgt rasch ein kostenloses Ersatzfahrzeug. Bequemer und risikoloser als mit einem Mietfahrzeug geht es nicht!

Um ein Fahrzeug »drüben« zu mieten, ist ein Kreditkarte unverzichtbar. Dazu wird später noch mehr zu sagen sein. Hat man keine, sollte man das Fahrzeug von hier über einen Reiseveranstalter buchen. Das Mindestalter für das Mieten sind 21, zuweilen sogar 25 Jahre.

Am teuersten sind Mietwagen direkt am Flugplatz. Preisvergleiche zwischen den einzelnen dort vertretenen Firmen bringen wenig, weil diese sich meist einig sind. Man kann sich aber oft vom Flughafen mit einem kostenlosen Bus in ein Hotel fahren lassen und von dort aus einen günstigen Mietwagen suchen, oder man kann vom Flughafen aus telefonisch über die gelben Seiten des Telefonbuchs ein preiswertes Mietfahrzeug suchen, das dann auch auf Wunsch zum Flugplatz gebracht wird. Zum Telefonieren wird gleichfalls noch einiges zu sagen sein.

Ganz wichtig für eine längere Tour ist es, sich mit dem Vermieter über die Freimeilen zu einigen. Bei unbegrenzten Freimeilen wird die Miete höher sein; meist werden 1050 Freimeilen pro Woche (150 pro Tag) genügen.

Freizeit-Fahrzeuge, vor allem also Wohnmobile und Motorräder, sind zwischen Mitte Juni und Mitte September oft kaum zu bekommen. Hier kann eine Vorbestellung über einen deutschen Veranstalter ratsam sein. Nach Mexiko darf man mit Wohnmobilen aus USA/Kanada meist nicht einreisen.

Man kann übrigens nicht nur Pkw, Motorräder oder Wohnmobile mieten, sondern gelegentlich auch einen Zugwagen samt Wohnwagen. So gab es 1985 ein Angebot, für 1000 Mark pro Woche einen kleinen Suzuki-Geländewagen mit Faltwohnwagen für zwei Erwachsene und zwei Kinder in Edmonton/Alberta bei unbegrenzten Freimeilen zu mieten.

Ein auf den ersten Blick besonders attraktives Angebot macht die Firma Motor Holiday in Daytona Beach, Florida, PO Box 2509. Der Inhaber Gero Hoschek ist Deutscher und hat die Bedürfnisse seiner Landsleute nach größtmöglicher Sicherheit erkannt und umgesetzt. Er bietet gebrauchte Fahrzeuge aller Art an, u.a. auch Wohnmobile ab 3500 Dollar, gibt auf die Mechanik (Motor, Getriebe, Hinterachs-Differential) eine Garantie und nimmt das Fahrzeug schließlich unabhängig von der Länge und Dauer der Reise zum halben Kaufpreis zurück! In diesem Kaufpreis eingeschlossen sind sogar Service-Leistungen wie die Versicherung und Zulassung, die Abholung vom nächsten Flugplatz sowie eine Übernachtung. Mehr noch: das Fahrzeug kann auch gegen eine Gebühr (z.B. New York, Washington, Detroit 400 Dollar, San Francisco 900 Dollar, Vancouver 1000 Dollar) zu jedem anderen Flugplatz gebracht werden. Ist das nichts?

Nun, zu verschenken hat Gero Hoschek natürlich auch nichts. Bei näherem Studium der Verkaufs-Bedingungen ergeben sich deshalb einige Nachteile. So muß das Fahrzeug der gewünschten Kategorie mindestens zwei Monate vorher unter Beifügung von einem Drittel des Kaufpreises als Anzahlung bestellt werden, ohne daß man es kennt. Die Garantie für die Mechanik gilt nur drei Monate und nicht bei Schäden, die durch unterlassene Wartung, Mißbrauch oder als Folgeschäden von Defekten an Nebenaggregaten auftreten. Im Garantiefall muß der Kunde das billigste Angebot im Umkreis von 40 Meilen herausfinden, Motor Holiday informieren und deren Zustimmung zur Reparatur abwarten. Dann erst darf er sie durchführen lassen und muß die Kosten dafür verauslagen. Eine Verrechnung erfolgt mit dem Rückkaufpreis.

Dieser Rückkaufpreis basiert auf einem Zustand des Fahrzeugs »wie bei Übernahme«. Werden bei einer Überprüfung Mängel festgestellt, gehen sie zu Lasten des Kunden, und zwar ist der von Motor Holiday danach festgesetzte verminderte Rückkaufwert unanfechtbar! Zudem ist er nicht bar auszuzahlen, sondern wird auf ein Konto des Kunden überwiesen – ggf. samt Reparaturrechnung im Garantiefall (von der dann auch noch 180 Dollar Selbstbeteiligung abgezogen werden!). Man sieht also, daß Motor Holiday clever genug ist, das eigene Risiko minimal zu halten und sich die gebotene Bequemlichkeit gut honorieren zu lassen.

Dagegen ist auch nichts einzuwenden, nur muß man sich eben klar darüber sein, daß man wesentlich billiger zum gleichen Ziel kommt, wenn man eigene Initiative entwickelt, statt die gebotenen Dienstleistungen in Anspruch zu nehmen. Ein Wertverlust von 50 Prozent des Kaufpreises nach einer Reisedauer von beispielsweise drei Monaten ist zudem unrealistisch hoch.

Andererseits sei nicht verkannt, daß man gegenüber dem privaten Kauf/Verkauf mit allen Formalitäten jeweils bis zu einer Woche Zeit einspart und der Wertverlust etwa der Miete eines gleichwertigen, wenn auch neueren Fahrzeugs für vier bis fünf Wochen entspricht. So richtig auf seine Kosten dürfte man bei diesem Arrangement nur dann kommen, wenn man das Fahrzeug sehr lange benutzt, beispielsweise ein Jahr. Wohl erlischt nach drei Monaten die Garantie, aber das Risiko eines mechanischen Defekts ist bei derartigen Fahrzeugen nicht sehr groß. Offen bleibt lediglich die Frage, wie fair Motor Holiday mit der Berechnung von Abzügen verfährt und letztendlich wirklich den halben Kaufpreis zurückerstattet, wenn das Fahrzeug unangemessen lange vom Kunden benutzt worden ist.

Da die gebotene Dienstleistung für Leute, die sich Formalitäten und Zeitaufwand ersparen wollen, trotz aller Einschränkungen noch immer interessant ist, wäre es wohl ein guter Rat, sowohl bei Übernahme als auch bei Rückgabe das Fahrzeug durch einen AAA-Mechaniker überprüfen zu lassen und bei Abschluß des Kaufvertrags die sofortige Auszahlung des Rückkaufspreises in bar nach dieser Überprüfung zu vereinbaren.

Motor Holiday bietet übrigens nicht nur gebrauchte Wohnmobile an, sondern auch Fahrzeuge aller Art, also verschiedene Pkw mit und ohne Klimaanlage und Motorräder. So kostet eine Vierzylinder-Honda beispielsweise 1000 Dollar, eine Cadillac-Luxuslimousine 4000 Dollar, ein »Wegwerfauto« mit Klimaanlage 600 Dollar (ohne Rückkauf) und ein gerade noch fahrfähiges Minimalauto 350 Dollar. Natürlich gibt es für die Wegwerfautos auch keine Garantie, was immer die auch wert sein mag.

Motor Holiday verkauft nicht nur Fahrzeuge, sondern vermietet sie auch für einen längeren Zeitraum (ab vier Wochen). Wegen der eingeschränkten Garantie und des höheren Alters liegen die Mietpreise bei etwa der Hälfte jener der normalen Vermieter – bei Wohnmobilen zwischen 210 und 350 Dollar pro Woche. Bei einer Reisedauer von weniger als drei Monaten dürfte eine solche Miete vorteilhafter sein als ein Kauf.

Das ist aber eine Ausnahme. Um die in der Kapitelüberschrift gestellte Frage zu beantworten: aus Kostengründen ist das Mieten eines Fahrzeugs normalerweise nur bei Reisen bis zu etwa vier Wochen sinnvoll, ansonsten ist für längere Reisen der Kauf vorteilhafter, wenn auch mit mehr Aufwand und Risiko behaftet.

1.04 Welches Fahrzeug soll es sein?

Es fragt sich natürlich, welche Art von Fahrzeug man drüben mieten oder kaufen soll, falls sich herausgestellt hat, daß es nicht lohnt, das eigene Fahrzeug mitzubringen.

Die Spanne der Möglichkeiten ist groß und reicht vom Motorrad über kleine, mittlere und große Pkw sowie offene oder geschlossene Klein-Lkw bis hin zu den verschiedenen Fahrzeugen, in denen man unterwegs auch schlafen kann.

Mit den verschiedenen Wohnmobilen wollen wir uns im nächsten Kapitel ausführlicher befassen, da sie gerade in Nordamerika ganz besondere Vorteile haben.

Relativ rasch abhandeln läßt sich auch der Sonderfall Motorrad. Sein größter Nachteil ist seine geringe Transportkapazität. Es ist kaum möglich, zwei Personen und die entsprechende Ausrüstung für eine längere Camping-Tour auf einem Motorrad unterzubringen. Reist man also mit zwei oder mehr Personen, muß jede ein Motorrad haben, wodurch die Reise teurer wird, als wenn man gemeinsam in einem Auto fährt. Auch sollte man die Temperaturdifferenzen nicht unterschätzen, obwohl niemand mit dem Motorrad zur Winterzeit nördliche Regionen bereisen wird. Selbst im Südwesten oder in Mexiko und während der Sommerzeit können die Nächte recht kühl werden, zumal in höheren Lagen; am Tag aber kann die Hitze enorm sein.

Der Vorteil des Motorrads liegt in seiner größeren Beweglichkeit und in dem intensiveren Umwelt-Kontakt. Da einerseits die Transportkosten relativ gering sind, andererseits in Amerika BMW-Motorräder ein sehr gutes Image haben, ist es gerade bei einer BMW überlegenswert, sie mitzunehmen und zu versuchen, sie drüben mit Gewinn zu verkaufen. Klappt das nicht, hat man lediglich das geringe Kostenrisiko für den Rücktransport.

Die Wahl des Fahrzeugs wird wesentlich vom erforderlichen Transportvolumen bestimmt. Nicht nur aus Kostengründen werden sich wohl die weitaus meisten Leser dieses Buchs für die eine oder andere Form des Campings entscheiden und die dafür erforderliche Ausrüstung befördern müssen. Man verschenkt einfach zu viele Möglichkeiten, wenn man von Hotel zu Hotel, von Restaurant zu Restaurant fährt und den ausgetretenen Pfaden des Massentourismus folgt. Amerika ist ein Land, in dem Camping einen viel höheren Stellenwert hat als bei uns und das dafür dementsprechend gute Möglichkeiten bietet. Es wäre wirklich schade, wenn man auf die viel größeren individuellen Gestaltungsmöglichkeiten einer Campingreise verzichtet.

Auch wenn eine Campingausrüstung mit Zelt, Schlafsäcken, Luftmatratzen usw. viel mehr Platz beansprucht als ein Koffer mit Garderobe, genügt für zwei Personen an sich ein Kleinwagen, ein »subcompact« oder »compact«. In der Transportkapazität entsprechen solche Fahrzeuge einem VW Polo bzw. Golf. Die meisten Modelle kommen aus Japan und sind auch bei uns bekannt, viele haben eine Heckklappe und eine umlegbare Rücksitzbank, so daß dort eine mittlere Campingausrüstung für zwei Personen durchaus Platz findet.

Eine andere Frage ist es, ob solche Kleinwagen sinnvoll sind. Der Neupreis und dementsprechend auch die Miete ist nicht wesentlich niedriger als bei einem Mittelklassewagen. Andererseits sind neuere Gebrauchtwagen ebenso teuer wie große, ältere Kleinwagen sogar teurer als vergleichbare große. Wohl haben sich die Verhältnisse etwa seit 1983 etwas beruhigt und viele Amerikaner sind von den »compacts« wieder zu großen Autos zurückgekehrt, aber das Preisniveau älterer, gebrauchter Kleinwagen ist noch immer relativ hoch.

Es kommt hinzu, daß Kleinwagen ihre Kilometer häufiger im verschleißintensiven Kurzstreckenverkehr gesammelt haben und generell unter vergleichbaren Verhältnissen stärker strapaziert wurden als große Fahrzeuge.

Die Verbrauchsvorteile sollte man nicht überschätzen. Erstens ist Benzin viel billiger als bei uns, so daß sie weniger stark durchschlagen; zweitens führt die Höchstgeschwindigkeit von 88 km/h zu verhältnismäßig geringen Verbrauchsdifferenzen gegenüber größeren Wagen; drittens wirkt sich die Katalysator-Technik im Verbrauch stärker bei kleinen als bei großen Wagen negativ aus und hat zur Folge, daß es dort kaum kleinere Motoren als 1600 cm^3 mehr gibt.

Ein Kleinwagen ist für eine oder zwei Personen nur für kürzere Reisen und als Mietwagen empfehlenswert, und auch dann nur, wenn man ihn deutlich günstiger bekommt as einen größeren Wagen.

Die Mittelklasse wird drüben »intermediate« genannt. Üblich sind Sechszylinder und Automatik-Getriebe, während viele Kleinwagen ein Schaltgetriebe haben. Trotz des gegenüber den Kleinwagen größeren Innenraums ist eine Mittelklasse-Limousine (sedan) für den Transport von mehr als zwei Personen samt Ausrüstung noch zu klein. Bei einem Kombi (station wagon) freilich reicht der Platz aus, zumal man eventuell noch einen Dachgepäckträger benutzen kann. Auch für einen »intermediate« spricht jedoch nicht viel, denn die Wagen der nächsthöheren Klasse bieten mehr Platz und oft mehr Ausstattung, verbrauchen nur unwesentlich mehr und sind als ältere Gebrauchtwagen nicht teurer. Empfehlenswert ist für zwei Personen allerdings ein »intermediate station wagon« als Mietwagen, wenn man ihn günstig bekommt. Er ist bei geringen Mehrkosten eine geräumige Alternative zu einem Kleinwagen.

Die Oberklasse wird als »full size« bezeichnet und hat meistens einen V-8-Motor, Klimaanlage usw. Automatik-Getriebe und Servolenkung sind selbstverständlich. Ein »full size station wagon« bietet genug Platz für vier Personen samt Ausrüstung. Ein älterer Gebrauchtwagen mit einer Laufleistung um 100000 Meilen bietet bei akzeptablem Reparaturkostenrisiko eine der billigsten Möglichkeiten, mit vier Personen Amerika zu bereisen. Falls sich nach der Reise kein Käufer findet, kann man ihn verschrotten, ohne allzuviel Geld dabei einzubüßen.

Um das bei allen älteren Gebrauchtwagen immer vorhandene Reparaturkostenrisiko zu verringern, ist eine sorgfältige Untersuchung vor dem Kauf ratsam. Am besten läßt man ihn bei einer Tankstelle aufbocken und inspiziert auch die »Unterwelt« auf eventuelle Schäden, wie Stellen mit Ölverlust, defektem Auspuff usw. Wünschenswert sind gute Reifen; bei dem hohen Gewicht des voll beladenen Autos halten auch neue Reifen nicht viel länger als 10000 Meilen, die man auf einer längeren Amerika-Tour durchaus abspulen kann. Notfalls genügt es, runderneuerte Reifen (retreaded) zu kaufen.

Eine besonders interessante Alternative zu einem »full size station wagon« für den Transport von vier oder mehr Personen samt Ausrüstung ist ein »Van«. Vans sind Kleintransporter, unserem VW-Bus oder Ford Transit vergleichbar, aber mit mehr Pkw-Charakter im Innenraum. Es gibt sie in unterschiedlicher Länge, Ausstattung und Motorisierung. In einem größeren Van können auch sechs Personen samt Ausrüstung befördert werden, vor allem in Verbindung mit einem Dachgepäckträger.

Zwei Personen können sich in einem großen Station Wagon oder einem Van auch ein Schlafquartier einrichten, was zunächst als eine reizvolle Möglichkeit erscheinen mag. Bei näherer Überlegung dürften aber die Vorteile gegenüber einem Zelt gering sein. Die Isolation gegen Kälte ist keineswegs besser, bei Hitze schlechter. Viel Zeit spart man auch nicht, denn statt das Zelt aufzuschlagen, muß man Gepäck aus dem Weg räumen. Stehhöhe gibt es ohnehin nicht, und auch das Kochproblem ist ungelöst. Allenfalls kann man den Zeltkauf sparen, aber auf die Ausrüstung kommen wir noch zurück.

Was das Kochen anbelangt, bieten übrigens Kombis mit oben angeschlagener Heckklappe eine sehr gute Möglichkeit, eine Mini-Küche im Wagenheck zu installieren, wo man durch die geöffnete Heckklappe von oben vor der Witterung geschützt ist.

In Amerika wesentlich beliebter als bei uns sind die Pick-up trucks, hier durch den VW Caddy vertreten. Im Prinzip handelt es sich dabei um kleine Lkw, deren Ladefläche aber nicht über, sondern zwischen den Hinterrädern liegt. Dadurch wird sie wohl schmaler, aber die Fahreigenschaften sind viel besser als bei einem normalen Lkw.

Gegenüber einem ähnlich großen Kombi hat ein Pick-up eigentlich nur Nachteile. Das Gepäck ist auf der Ladefläche ungeschützt vor der Witterung und vor bösen Buben und während der Fahrt nicht zugänglich, der Platz im Führerhaus ist begrenzt, usw. Einen Vorteil allerdings hat ein Pick-up: auf der Ladefläche können die unterschiedlichsten Aufbauten montiert werden. Da die Pritschen mit einer Breite von 170 cm und einer Länge von 180 oder 240 cm (6 oder 8 Fuß) genormt sind, passen alle Aufbauten auf alle Pick-ups – zumindeste theoretisch und soweit es sich um Pick-ups amerikanischer Herkunft handelt. Importierte Pick-ups sind kleiner und haben keine genormte Ladefläche.

Tatsächlich gibt es sogar Pick-ups mit einem vollwertigen Wohnmobil-Aufsatz; darauf kommen wir im nächsten Kapitel zurück. Ohne einen solchen Aufsatz aber ist einem Station Wagon oder einem Van für eine längere Amerika-Reise eindeutig der Vorzug zu geben.

Vans und Pick-ups wird zuweilen eine gute Geländetauglichkeit zugeschrieben. Das stimmt allerdings nur insoweit, als sie eine höhere Bodenfreiheit als ein Pkw haben. Ansonsten haben sie durch ihr hohes Gewicht und die Drehmoment-Verstärkung der automatischen Getriebe ebenso schlechte Voraussetzungen wie ein amerikanischer Pkw, schwieriges Gelände zu meistern. Wer darauf Wert legt, braucht einen Van oder Pick-up mit Allrad-Antrieb. Auch das gibt es. Ebenso gibt es einige Pkw mit Allrad-Antrieb und Kombi-Karosserie, allerdings keine »full size«: von Subaru, Toyota und AMC.

Normalerweise kann man auf Allrad-Antrieb gut verzichten, vor allem deswegen, weil Fahrzeuge, die die Voraussetzung dafür bieten, oft großen Strapazen im Gelände ausgesetzt wurden und deshalb als Gebrauchtwagen ein erhöhtes Risiko bergen. Wer sich jedoch bewußt weit von besiedelten Gegenden entfernen und einsame Wüstengegenden oder entlegene Forstpfade befahren will, ist darauf angewiesen. Mit einem normalen Auto, vor allem einem älteren, sind solche schlechten Strecken tunlichst zu meiden.

Warum? Die meisten älteren amerikanischen Fahrzeuge haben noch eine blattgefederte hintere Starrachse. Völlig zu Unrecht gelten Blattfedern als robuster gegenüber Schraubenfedern. Sie brechen leichter, können die Achse nur unvollständig führen und beeinträchtigen bei dem unvermeidbaren Rostansatz durch die Eigenreibung zwischen den Federblättern die Fahreigenschaften und die Dämpferwirkung. Es empfiehlt sich also, preiswert erstandenen, schwer beladenen Altautos die Strapazen schlechter Wegstrecken möglichst zu ersparen, wenn man sich keine teuren Reparaturen einhandeln will, auch wenn an den abgelegenen, schlechten Strecken oft die idyllischsten Winkel zu finden sind.

Preise für Gebrauchtwagen anzugeben ist schwierig, da sie vom Modell, Baujahr, Ausstattung, Laufleistung, Mode, Zustand und wer weiß was noch abhängen und sich zudem der Preis durch Angebot und Nachfrage einpendelt. Man kann aber davon ausgehen, daß ein etwa zehn Jahre alter Wagen mit ca. 100000 Meilen in ordentlichem Zustand für rund 1000 Dollar zu haben ist, und zwar ziemlich unabhängig davon, in welche der beschriebenen Klassen er einzuordnen ist.

Auch Verbrauchsangaben zu machen ist schwierig. Im Kurzstreckenverkehr liegt der Verbrauch höher als auf der Langstrecke, eine hohe Zuladung wirkt sich negativ aus, auch der technische Zustand spielt eine Rolle, usw. Man kann annehmen, daß man bei einem Kleinwagen um 9 Liter/100 km verbraucht, mit einem Mittelklasse-Wagen 12 Liter, einem Oberklasse-Wagen 14 Liter, einem Van oder Pick-up 16 Liter.

Zuweilen sind Wagen mit Dieselmotoren zu finden, aber sie sind wesentlich teurer, so daß sie sich auf einer relativ kurzen Amerika-Reise kaum lohnen.

Klimaanlagen sind viel häufiger als bei uns und ab der Mittelklasse eher die Regel als die Ausnahme. Das hat seinen guten Grund; wenn Sie den Süden und Südwesten der USA und Mexiko bereisen, sollten Sie keinesfalls darauf verzichten.

Ein gepflegtes Äußeres ist an sich weniger wichtig, aber es wirkt sich positiv auf einen späteren Verkaufspreis aus; außerdem muß man befürchten, daß jemand, der das Äußere seines Autos vernachlässigt hat, sich auch nicht um dessen Technik kümmert.

1.05 Ein Wohnmobil – schön, aber teuer

Ohne Zweifel ist ein Wohnmobil in idealer Weise dazu geeignet, Amerika zu bereisen. Man ist damit fast so beweglich wie mit einem Pkw, kann also größere Strecken rasch zurücklegen und auch abgelegene Gegenden erkunden. Andererseits hat man Schlafzimmer, Wohnzimmer und Küche stets einsatzbereit dabei, ist also nicht nur von Hotels und Restaurants, sondern auch von der Witterung unabhängig.

Ein Zelt ist ja schön und gut, um darin zu schlafen, wenn die klimatischen Verhältnisse nicht allzu extrem sind, aber zum Wohnen und zum Kochen ist es recht ungeeignet. Bei schönem Wetter ist das belanglos; die Natur bietet dann unbegrenzten Wohnraum, und auch das Kochen ist wohl unbequemer als in einem Wohnmobil, aber keineswegs problematisch. Ähnliches gilt für hygienische und sanitäre Bedürfnisse. Bessere Wohnmobile haben eine Naßzelle mit Toilette und Dusche, aber in freier Natur kann man recht gut improvisieren und auf Campingplätzen sind entsprechende Einrichtungen vorhanden.

Wirkliche Schwierigkeiten für Zeltreisende gibt es eigentlich nur bei schlechtem Wetter, insbesondere bei Regen. Sie beginnen bereits beim Zeltaufbau, der nicht nur einige Zeit beansprucht, sondern auch im Regen keine reine Freude ist. Bei fast allen Zelt-Konstruktionen muß das Innenzelt vor dem Außenzelt aufgeschlagen werden und nimmt, da es nicht wasserdicht sein kann, Wasser auf. Es ist also feucht, und durch das nach beiden Seiten wasserdichte Außenzelt kann die Feuchtigkeit nicht verdunsten.

Es gibt wahre Zeltvillen, in denen man auch zum Wohnen und Kochen genug Platz hat. Sie sind aber sehr voluminös und ihr Aufbau ist sehr umständlich. Deshalb werden sich Reisende, die allenfalls wenige Tage an einem Ort bleiben wollen, in fast allen Fällen lieber für ein kompaktes Schlafzelt entscheiden. Nichts ist trübsinniger, als in einem kleinen Schlafzelt einen Regentag verbringen zu müssen. Schon das Aufwärmen einer Konservendose wird unangenehm; muß man aus zwingenden Bedürfnissen das Zelt verlassen, bringt man jedesmal Feuchtigkeit mit hinein.

Alle diese Schwierigkeiten hat man mit einem Wohnmobil nicht. Trotz seiner vielen Vorteile lehnen aber engagierte Individualisten es oft ab – und nicht nur aus Kostengründen. Heizung und Klimaanlage, Backofen und vierflammiger Herd, Toilette und Dusche, Fernseher und Staubsauger lassen sich nicht mit ihren Vorstellungen von Camping vereinbaren.

Eine solche Einstellung ist ja gewiß sportlich, aber sachlich kaum haltbar. Ein kurzer Vierwochen-Urlaub kann durch eine Regenperiode völlig verdorben werden, wenn man an das Zelt gebunden ist, und bei einer längeren Reise wird man die damit verbundenen Einschränkungen bald als Belastung empfinden. Wenn man sich aus Kostengründen für eine Zelttour entscheidet, ist dagegen sicherlich nichts zu sagen, aber aus einem Prinzip heraus auf die Annehmlichkeiten eines Wohnmobils zu verzichten, erscheint wenig sinnvoll.

Hier wie in Amerika gelten Wohnwagen-Anhänger (travel trailer) als Alternative zum Wohnmobil (motorhome). Die jeweiligen Vor- und Nachteile sind bekannt. Ein Wohnmobil ist fast so kompakt und beweglich wie ein Pkw, man kann sich während der Fahrt frei darin bewegen und ist unterwegs ungebundener. Dafür ist ein Wohnwagen bei vergleichbarem Innenraum viel billiger und kann abgestellt werden, während man mit dem Zugwagen Ausflüge unternimmt. Ein Wohnmobil ist vorteilhaft, wenn man unterwegs nur jeweils kurze Zeit an einem Ort bleibt. Umgekehrt ist ein Wohnwagen die bessere Lösung, wenn der Schwerpunkt nicht auf der Reise liegt, sondern auf dem längeren Aufenthalt.

Für Amerika-Reisende wird ein Wohnwagen-Gespann nur selten eine Wohnmobil-Alternative sein. Der Transport eines eigenen Gespanns von und nach Europa wäre viel zu teuer. Von wenigen Ausnahmen (wie dem im letzten Kapitel erwähnten Gespann aus einem kleinen Suzuki-Geländewagen und einem Falt-Anhänger) abgesehen ist weder ein komplettes Gespann noch ein Zugwagen mit Anhänger-Kupplung zu mieten. Bei einem Kauf aber wird man in aller Regel Zugwagen und Anhänger getrennt kaufen und später wieder verkaufen müssen, was die Dinge beträchtlich kompliziert. Zudem wird in fast allen Fällen der Schwerpunkt auf der Reise liegen, nicht auf dem längeren Aufenthalt. In der Beweglichkeit unterwegs ist das Wohnmobil aber dem Wohnwagen klar überlegen.

Nur der Vollständigkeit halber sei eine in Amerika nicht seltene Gespann-Kombination erwähnt, die es trotz ihrer eindeutigen Vorteile bei uns nicht gibt: den »fifth wheel trailer«. Ein Wohnanhänger beliebiger Größe hat am Vorderteil eine Aussparung, so daß er auf der Pritsche eines Pick-ups aufliegt. Dort ist er mit einer Spezialkupplung befestigt. Ein solches Gespann ist bestens zu rangieren und fast so wendig wie ein Wohnmobil – ein Pick-up hat eben doch seine Vorzüge!

Tatsächlich ist ein Pick-up in Amerika sogar das Fahrzeug, das am häufigsten von Camping-Freunden benutzt wird, und zwar mit einem

„Meine Frau besteht auch im Urlaub auf getrennten Schlafzimmern."

Camper-Aufsatz. Aufsätze für die Ladefläche von Pick-ups gibt es in allen denkbaren Größen und Ausstattungen. Sie passen auf alle amerikanischen Pick-up, da deren Ladefläche genormt ist. Einfache Aufsätze verlängern nur das Führerhaus über die Ladefläche und entsprechen damit praktisch einem Kombi, wenn auch ohne Verbindung zwischen Fahrerhaus und Laderaum. Echte Camper-Aufsätze hingegen überragen den Pick-up in der Breite und oft auch in der Länge – die Breite liegt um oder über zwei Meter, die Länge kann drei Meter überschreiten. Große Camper-Aufsätze wiegen teilweise deutlich mehr als eine Tonne und erfordern einen Pick-up entsprechender Tragfähigkeit.

Ein Alkoven überragt das Führerhaus. In diesem Alkoven befindet sich ein Doppelbett. Weitere Schlafplätze entstehen bei Bedarf durch den üblichen Umbau der Sitzbänke. Der Innenraum hat Stehhöhe; eine Kücheneinrichtung ist selbstverständlich, größere Aufsätze haben sogar Dusche und Toilette.

Ein Pick-up mit Camper-Aufsatz ist gewissermaßen kein echtes Wohnmobil, sondern eine Kombination zwischen Wohnmobil und Wohnwagen. Während der Fahrt kann man nicht den Wohnteil betreten wie bei einem echten Wohnmobil, aber er hat dessen Beweglichkeit. Bei einem längeren Aufenthalt kann man Pick-up und Camper-Aufsatz trennen, was oft durch hydraulische Stützen erleichtert wird. Es ist aber dennoch viel umständlicher als das Abkuppeln eines Wohnanhängers, so daß es normalerweise während einer Reise unterbleibt. Immerhin aber haben Pick-up-Besitzer die Möglichkeit, ihr Vielzweck-Fahrzeug für den Urlaub relativ rasch in ein Wohnmobil verwandeln zu können, während es ansonsten mit offener Pritsche oder einem kleineren Aufsatz verwendet wird.

Der Neupreis eines Camper-Aufsatzes liegt je nach Größe und Ausstattung etwa zwischen 3000 und 8000 Dollar. Wie bei einem Wohnwagen-Gespann liegt das Problem für Amerika-Besucher darin, daß man meist beide Einheiten getrennt kaufen und später wieder verkaufen muß und komplette Pick-up-Camper nur selten vermietet werden.

Das liegt wohl daran, daß »van conversions« nicht teurer als ein Pick-up mit großem Camper-Aufsatz, aber als Wohnmobil funktioneller sind. Ein Van ist, wie wir wissen, ein Kleinbus oder ein Kleintransporter, ähnlich wie bei uns der VW-Bus, der VW LT oder der Ford Transit, meist aber mit mehr Pkw-Charakter. Mit entsprechendem Ausbau sind sie also genau das, was wir als die mit Abstand häufigste Form des Wohnmobils kennen. Ein als Wohnmobil ausgebauter Van kostet neu etwa ab 18000 Dollar aufwärts; größere (und teurere) Fahrzeuge haben Dusche, Toilette und Klimaanlage. Die Wochenmiete beginnt in der Saison bei etwa 600 Dollar.

Wirklich angenehm ist ein zum Wohnmobil ausgebauter Van auf einer längeren Reise nur für zwei Personen, allenfalls mit ein bis zwei Kindern. Dafür ist ein solches Fahrzeug besonders wendig und verbraucht relativ wenig Benzin.

Am beliebtesten bei Amerika-Reisenden, die sich für ein Wohnmobil entschieden haben, sind die »mini motorhomes«. Wenn man ein solches Motorhome sieht, fragt man sich, was dabei eigentlich »mini« sein soll. Ein Mittelklasse-Modell hat eine Länge zwischen 20 und 23 Fuß (6,00 bis 6,90 Meter); zum Vergleich: ein VW LT (Sven Hedin u.a.) ist

Das Reisen per Anhalter stammt aus Amerika und ist dort wie hier etwas in Verruf geraten, in manchen Staaten sogar verboten. Nicht immer ist es leicht, als „hitchhiker“ mitgenommen zu werden, zumal in abgelegenen Gegenden.

„Bonnie und Clyde“ haben sich am Rand einer einsamen Straße in Kanada bereits für die Nacht eingerichtet.

Amerika hat ein vorzüglich ausgebautes Fernstraßennetz, auf dem Fahrzeuge aller Art hervorragend mit der Höchstgeschwindigkeit von 88 km/h reisen können. Motorräder sind im Einzugsbereich der Städte und im dichten innerstädtischen Verkehr wendiger als Autos, bieten Urlaubern aber nur eine begrenzte Transportkapazität.

SHELL

Typischer Pick-up mit Wohnaufsatz. Deutlich ist erkennbar, wie der Aufsatz mit Ketten auf der Ladefläche festgezurrt wird.

Hier handelt es sich trotz der stattlichen Abmessungen um ein Mini-Motorhome, erkennbar am Alkoven über dem Fahrerhaus.

In diesem Buch sind häufiger Wohnmobile abgebildet, keines aber ist so originell wie dieser Eigenbau!

Es überrascht, daß in den USA das Mitführen von Reservekanistern im Auto verboten ist. Hier sieht man, warum: Unter der prallen Sonneneinstrahlung hat sich der Treibstoff im rechten Kanister ausgedehnt, während der identische linke Kanister seine Form behalten hat.

Idyllische Insel in Ontario mit Wochendhaus und Bootshaus.

Körperpflege in der Wildnis. Bei dem Schaum handelt es sich nicht um Chemie, sondern um die Auswirkungen eines Wasserfalls.

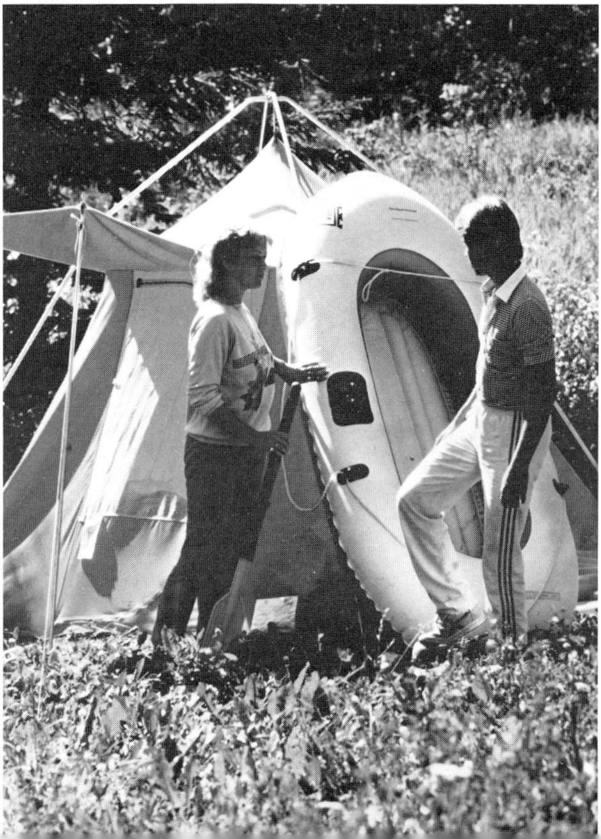

Zelt, aufblasbarer Kanadier und sonstige Ausrüstung lassen sich als Fluggepäck mitführen.

Dieses Schlauchboot ist für Wasserspielereien besser geeignet als für ernsthafte Touren; aufgenommen am Wabamun Lake in Alberta.

Hervorragend ausgestattet sind die Campingplätze in Nordamerika. Was hier wie menschenleere Einsamkeit aussieht, ist in Wirklichkeit ein Campingplatz in Alberta. Die Tisch/Bank-Kombination und der Grill im Hintergrund gehören zur Standard-Ausstattung eines jeden Stellplatzes.

Zu den Naturwundern in Nordamerika, die weltweit bekannt sind, gehören die Niagara-Fälle.

4,84 Meter lang. Platz für vier Personen ist also auch auf längeren Reisen vorhanden.

Es handelt sich um das Fahrgestell eines Leicht-Lkw, auf das eine besondere Wohnzelle montiert wurde. Äußerlich sind »mini motorhomes« an dem Alkoven über dem Fahrerhaus zu erkennen. Insofern sind sie also einem Pick-up mit Camper-Aufsatz ähnlich, allerdings sind Chassis und Aufbau zu einer festen Einheit verbunden und haben einen Durchgang zwischen Führerhaus und Wohnabteil. Solche Fahrzeuge werden auch bei uns von vielen Herstellern angeboten. In Amerika kosten sie ab etwa 25000 Dollar, allerdings gibt es auch Neunmeter-Schiffe für 50000 Dollar. Ein gängiges Mittelklasse-Modell liegt bei etwa 30000 Dollar, die Wochenmiete während der Saison fängt bei ca. 700 Dollar an.

Ein solches »mini motorhome« ist also in der Wochenmiete nicht sehr viel teurer als ein »van conversion«, aber viel geräumiger. Allerdings ist es auch schwerfälliger und braucht deutlich mehr Benzin. Sie können sich also selbst ausrechnen, was für Sie vorteilhafter ist.

Ein »type A motorhome« ist für Amerika-Reisende eigentlich nur von akademischer Bedeutung. Es ist für Menschen gedacht, die lange Zeit oder sogar ausschließlich darin leben wollen und dabei möglichst wenig von ihrem gewohnten Komfort vermissen möchten. Sehr viele Rentner-Ehepaare in Amerika verkaufen ihr Haus, um dafür ein solches großes Motorhome zu beziehen und damit auf dem amerikanischen Kontinent herumzuzigeunern. Im Winter überfluten diese modernen Nomaden hordenweise die warmen Südstaaten und das für amerikanische Verhältnisse preiswerte Mexiko, im Sommer driften sie dann in Richtung Kanada und bis Alaska hinauf. Kein schlechter Weg, um seinen Lebensabend zu verbringen!

Wie schon in der Kapitel-Überschrift festgestellt wurde, sind Wohnmobile keineswegs billig. Das gilt natürlich ganz besonders für die »richtigen« Wohnmobile, die »type A motorhomes«. Natürlich ist die bereits erwähnte Wanderlodge von Bluebird auch für Amerika eine absolute Ausnahme; ein mittleres Wohnmobil »type A« mit einer Länge um neun Meter kostet so um 40000 Dolar. Es gibt sogar noch billigere, aber auch viel teurere und größere – bis 12 Meter Länge. Jeder denkbare Luxus ist lieferbar, es gibt keine Annehmlichkeit, auf die unterwegs verzichtet werden müßte.

Technisch basieren diese großen Wohnmobile auf dem Chassis von Lastwagen oder ausgewachsenen Bussen. Von den »Minis« unterscheiden sie sich äußerlich dadurch, daß sie keine Alkoven haben. Die Mieten beginnen für ein schlichtes Motorhome der Mittelklasse bei etwa 1000 Dollar pro Woche in der Hochsaison.

Wer mehrere Monate, vielleicht sogar ein Jahr oder länger, Nordamerika bereisen möchte, sollte sich sehr ernsthaft Gedanken darüber machen, wie er am günstigsten an ein Wohnmobil kommt. Natürlich gibt es drüben einen großen Markt an gebrauchten Wohnmobilen. Am besten aber wird es wohl sein, für eine solch längere Reise ein Wohnmobil über den großen Teich zu bringen. Zwei Personen, die sehr auf die Kosten achten müssen, können hier recht günstig einen gebrauchten VW-Bus kaufen, ihn selbst ausbauen und in technisch einwandfreien Zustand versetzen. Dadurch wird das Risiko eines größeren technischen Defekts unterwegs gering. Die Frachtkosten für den Hintransport sind erschwinglich. Sollte es am Ende der Reise nicht möglich sein, einen angemessenen Preis dafür zu erzielen, kann man je nach Zustand des Fahrzeugs entscheiden, ob es lohnt, die Kosten für den Rücktransport zu investieren oder ob man es verschrottet. Vielleicht gelingt auch der Verkauf über ein Inserat in Deutschland an andere Reisende, die auf diese Weise die Transportkosten sparen.

1.06 Leider notwendig: Geld, Papiere, Versicherungen

Das liebe Geld! Neben der Zeit ist es die wichtigste Voraussetzung für eine längere Amerika-Reise, und bekanntlich ist ja auch Zeit Geld.

Wieviel Geld braucht man? Das hängt natürlich von vielen Faktoren ab: von den Kosten des Fahrzeugs und der Zahl der Personen, die sich darein teilen, der Reisedauer, der zurückgelegten Strecke, dem Wechselkurs und nicht zuletzt von den individuellen Ansprüchen. Alle Angaben sind daher nur als sehr grober Anhalt zu verstehen.

Am billigsten dürfte die Reise werden, wenn sich vier Personen einen großen Kombi oder einen Van kaufen und sich die Kosten teilen. Unterstellen wir unter dieser Voraussetzung einmal eine Reisedauer von drei Monaten und eine in dieser Zeit zurückgelegte Strecke von 10000 Meilen, also 16000 Kilometer. Das sind reichlich 110 Meilen oder 180 Kilometer pro Tag. Natürlich wird man, wenn man fährt, eine wesentlich größere Strecke zurücklegen, aber eine größere durchschnittliche Tagesstrecke sollte man nicht vorsehen, weil dann zu wenig Zeit bleibt, um Land und Leute zu erleben, Sehenswürdigkeiten aufzusuchen oder einige Tage an besonders reizvollen Orten zu verweilen.

In eine solche Reise kann man schon allerhand einbauen. Zum Verständnis: von der mexikanischen Südgrenze bis nach Alaska sind es knapp 7000 Meilen!

Setzt man jeweils 3000 Meilen für Mexiko und Kanada und die restlichen 4000 Meilen für den Westen der USA an, kann man genug Abstecher machen und sehr viel sehen und erleben.

Ein etwa 10 Jahre alter »full size station wagon« oder ein entsprechender Van sollte nicht mehr als 1000 Dollar kosten und bei einem späteren Verkauf noch die Hälfte bringen. Unterstellen wir einmal, daß mit diesem Restwert die Kosten bestritten werden, die für Wartung, Steuer und Versicherung anfallen. Falls keine größeren Reparaturen diese Rechnung über den Haufen werfen, errechnen sich also pro Person 250 Dollar an fahrzeuggebundenen Kosten. Etwa der gleiche Betrag kommt für Benzin hinzu – damit sind wir bei 500 Dollar pro Nase.

Mit fünf Dollar am Tag kann man sich verpflegen – bei sehr bescheidenen Ansprüchen! Zehn Dollar sind keineswegs üppig – Selbstversorgung wird ohnehin vorausgesetzt. Will man sich etwas besser verpflegen, vielleicht sogar gelegentlich ein Bier trinken und kulinarische Spezialitäten kennenlernen (auch das gehört zu einer solchen Reise!), muß man zehn Dollar als ein Minimum ansetzen. Macht pro Nase 900 Dollar.

Auf Campingplätzen wird die Gebühr meist nicht pro Person, sondern pro Stellplatz erhoben. Private Campingplätze kosten etwa 15 Dollar pro Tag (bzw. Nacht), aber es gibt auch billigere oder gar kostenlose Campingplätze, so daß man mit zehn Dollar pro Tag auskommen dürfte. Rechnen wir pro Person in drei Monaten noch einmal 250 Dollar.

Natürlich wäre es möglich, die Campingplatz-Gebühren weitgehend einzusparen, indem man immer dann, wenn kein kostenloser Campingplatz erreichbar ist, einfach »wild« campiert. Man sollte aber gerade bei einer längeren Reise nicht die Annehmlichkeiten eines Campingplatzes (Toilette/Dusche, Münzwaschautomaten usw.) unterschätzen. Auch ist es gerade in der Nähe bekannter Sehenswürdigkeiten oft nicht einfach, »wild« zu campen oder einen kostenlosen Campingplatz zu finden.

Wenn Sie mitgerechnet haben, sind wir mittlerweile bei 1650 Dollar pro Person angelangt. Hinzu kommen die Flugkosten, eventuelle Anschaffungen und das berühmte »Sonstige«. Mehr darüber erfahren Sie in anderen Kapiteln. Gehen Sie davon aus, daß die beschriebene Amerika-Reise Sie insgesamt mindestens 2500 US-Dollar kostet. Es hat schon glückliche Zeiten gegeben, als der Dollar nur 1,70 DM wert war, aber wenn Sie so um drei Mark dafür zahlen müssen, ist der Spaß nicht mehr ganz billig.

Rechnen wir ein anderes Beispiel, nämlich eine Reise von fünf Wochen mit zwei Personen. Ein Autokauf wird kaum lohnen, weil dafür zu viel Zeit verloren geht. Es sollte möglich sein, einen Kombi für 1000 Dollar zu mieten – er kostet also ebenso viel wie der Wagenkauf für vier Personen und drei Monate, umgelegt auf Reisedauer und zwei Personen aber mehr als fünfmal so viel pro Tag!

Allzu viel Muße werden Sie sich wegen der begrenzten Zeit unterwegs nicht lassen und etwa 1000 Meilen pro Woche zurücklegen. Dafür verbrauchen Sie für etwa 80 Dollar Benzin, in fünf Wochen also 400 Dollar. Für Campingplatz-Gebühren sollen 350 Dollar angesetzt werden.

Mit Flugkosten, Verpflegung, Ausrüstung und »Sonstigem« ist dieser »Kurzurlaub« pro Person also fast ebenso teuer wie die im ersten Beispiel erwähnte längere Reise! Wer es sich bequem macht und lieber in einem Wohnmobil reist, darf pro Nase noch einmal rund 1000 Dollar mehr rechnen.

Auch wenn Sie vielleicht an Campingplatz-Kosten ein paar Dollar sparen können, wäre es eine Illusion zu glauben, daß man viel billiger als in den Beispielen aufgeführt auskommen kann. Im Gegenteil wird meist noch etwas Unvorhergesehenes dazukommen, das den Spaß verteuert. Außerdem braucht man noch eine Geldreserve für Notfälle.

Die kann man sich sparen, wenn man eine Kreditkarte hat, auf die man ohnehin in Nordamerika kaum verzichten kann. Im Gegensatz zu Südamerika ist »Diner's Club« in Nordamerika, vor allem im Westen der USA, weniger bekannt, aber man bekommt auf Anforderung von Diner's Club eine für Nordamerika gültige Telefon-Kreditkarte. Das kann ganz praktisch sein, wenn man öfter telefonieren will, auch nach Deutschland. »American Express« ist viel bekannter, aber wie Diner's Club vor allem auf anspruchsvollere Geschäfte und Hotels spezialisiert. Am besten geeignet ist unsere »Eurocard«, denn es besteht eine Kooperation mit der größten amerikanischen Kreditkarten-Organisation, Mastercard. Falls es einmal Zweifel geben sollte, genügt es, auf das Mastercard-Symbol zu verweisen. Die Eurocard gibt es über Banken und Sparkassen.

Die Kreditkarten-Organisationen berechnen (außer Diner's Club) für Auslands-Umsätze einen Zuschlag von 0,75 bis 1,00 Prozent. Bei allen Organisationen gibt es auch Bargeld für Notfälle, normalerweise für 3 bis 4 Prozent an Gebühren, bei American Express kostenfrei. Die Karte kostet im Jahr ca. 150 DM, bei Visa, mit Mastercharge (Eurocard) die in Amerika am meisten verbreitete Organisation, nur die Hälfte.

Ohne Kreditkarte kann man drüben nicht einmal ein Auto mieten. Außer Lebensmitteln kann man mit der Kreditkarte fast alles kaufen, auch Benzin. Sie ermöglicht es, mit relativ wenig Bargeld zu reisen und dient als Reserve für Notfälle.

Während der Gebrauch einer Kreditkarte sich bei uns nur zögernd durchsetzt, weil zuweilen der Eindruck entsteht, man sei zur Barzahlung nicht in der Lage, ist das in Nordamerika genau umgekehrt. Wer solvent ist, hat Kredit und folglich auch eine Kreditkarte; wer bar bezahlt, hat offenbar keinen Kredit und ist damit wenig angesehen. »Plastic money« ist das überall übliche Zahlungsmittel.

An Bargeld wechselt man hier nur etwa 100 Dollar ein, um sich zunächst nach der Ankunft helfen zu können. Der Rest des Geldes wird zweckmäßigerweise in US-Dollar-Reiseschecks investiert. Man kann sie überall – auch in Kanada oder in Mexiko – bei Bedarf in die jeweilige Landeswährung eintauschen. Mit Reiseschecks hat man einen besseren Schutz bei Verlust als mit Bargeld. Beim Kauf leistet man auf jedem Reisescheck eine Unterschrift; wechselt man ihn ein, ist eine zweite Unterschrift erforderlich, die mit der ersten übereinstimmen muß.

Welche Papiere benötigt man? Weder für Mexiko noch für Kanada ist ein Visum erforderlich, es genügt der Reisepaß mit ausreichend langer Gültigkeitsdauer. Allerdings darf man sich in diesen beiden Ländern auch nur jeweils drei Monate (Kanada neuerdings ein Jahr) aufhalten. Die USA verlangen ein Visum, das man kostenlos über eines der Generalkonsulate bekommt. Es erlaubt die Einreise entweder innerhalb eines bestimmten Zeitraums, oder es gilt unbegrenzt. Das bedeutet freilich nicht, daß man sich damit unbegrenzt lange in den USA aufhalten kann. Für Touristen gibt es normalerweise eine maximale Aufenthaltsdauer von einem halben Jahr, aber es liegt im Ermessen des Einwanderungsbeamten in den USA, ob er Ihnen diese sechs Monate auch bewilligt. Wer durch Kleidung, Auftreten oder aus anderen Gründen Zweifel an der Zahlungsfähigkeit erweckt, muß diese eventuell nachweisen. Eine Kreditkarte und ein Rückflugticket sind dabei hilfreich.

Was ist zu tun, wenn man länger als 12 Monate in Kanada und/oder 3 Monate in Mexiko bzw. sechs Monate in den USA verbringen will? Ganz einfach: man reist in das Nachbarland aus, also von Mexiko oder Kanada in die USA oder umgekehrt, und reist anschließend wieder ein – abermals für drei bzw. maximal sechs Monate! Nur ein Problem kann sich bei diesem Spielchen ergeben: ein begrenztes USA-Visum, das nach Ablauf eine erneute USA-Einreise verhindert.

Um ein unbegrenztes USA-Visum zu erhalten, muß man ggf. glaubhaft machen, daß man erstens ausreichende Geldmittel für einen längeren Aufenthalt bzw. eine mehrfache Einreise und zweitens nicht die Absicht hat, illegal im Land zu bleiben. Für die Zahlungsfähigkeit genügt eine Bankbestätigung, ansonsten können eine Studienbescheinigung oder ein Arbeitsplatz-Nachweis, hier lebende Familienangehörige oder dergleichen nützlich sein.

Nicht unverzichtbar, aber unter Umständen nützlich, ist ein Internationaler Führerschein, da man in Nordamerika mit dem deutschen Führerschein wenig anfangen kann. Unser Führerschein Klasse 3 gilt hier bis 7,5 Tonnen Gesamtgewicht und entspricht auf dem Internationalen Führerschein der Klasse B, die aber nur das Führen von Fahrzeugen bis 3,5 Tonnen erlaubt. Will man eventuell größere Wohnmobile bewegen, muß man sich auch die Lkw-Klasse C eintragen lassen, ggf. mit der Einschränkung »bis 7,5 Tonnen«.

Schutzimpfungen sind für kein nordamerikanisches Land vorgeschrieben oder erforderlich, wohl aber kann für manche Gegenden Mexikos eine Malaria-Prophylaxe empfehlenswert sein.

Unbedingt ratsam ist eine Reisekosten-Versicherung gegen Krankheitsfolgen. Weder die gesetzlichen Kassen noch private Versicherungen decken normalerweise Risiken außerhalb von Europa ab. Eine Auslandsreise-Krankenversicherung ist nicht teuer – sie kostet etwa zwischen 10 und 20 Mark pro Monat bei unbegrenzter Versicherungssumme. In den meisten Fällen ist auch noch ein Rückflug in die Heimat damit abgedeckt, wenn ein solcher Transport aus medizinischen Gründen notwendig sein sollte. Nicht erstattet werden die Behandlungskosten von bereits vor der Reise vorhandenen Krankheiten, von Schwangerschaft oder Entbindung, sowie alle Zahnbehandlungen, die über eine einfache Füllung hinausgehen.

Wer nicht länger als sechs Wochen verreist, dürfte mit einer bei der DKV u.a. über Eurocard zu buchenden Versicherung am billigsten fahren; sie kostet nur 14 DM im Jahr, aber eben nur für Reisen von jeweils maximal sechs Wochen.

Da sich auf längeren Reisen häufiger Krankheiten einstellen als auf kurzen, begrenzen die meisten Versicherungsgesellschaften die Reisedauer, oder sie verlangen nach zwei oder drei Monaten die doppelte Prämie. Mir sind nur drei Gesellschaften bekannt, die Reisen bis zu einem Jahr ohne Prämienzuschlag versichern: Central, Postfach, 5000 Köln 1; Europa, Postfach, 5000 Köln 1 und Signal, Postfach, 4600 Dortmund. Für weniger als 20 Mark im Monat kann man damit ohne Furcht vor Krankheitskosten reisen!

Es ist ratsam, sich von der Krankenversicherung eine Bescheinigung in englischer Sprache über Art und Umfang der Risiko-Abdeckung ausstellen zu lassen. Dennoch muß man die Rechnung zunächst einmal bezahlen und sie sich später erstatten lassen. Da ist es ein Trost, daß man auch bei Ärzten oder im Krankenhaus meist mit Kreditkarte bezahlen kann!

Ob eine Reisegepäck-Versicherung sinnvoll ist, müssen Sie selbst entscheiden. Die Prämie für eine Versicherungssumme von 2000 Mark und eine Reisedauer von einem Monat liegt bei etwa 30 Mark. Eine Verdoppelung der Versicherungssumme bedeutet auch eine Verdoppelung der Prämie. Versicherungen für längere Reisen werden von vielen Gesellschaften nicht angeboten. Falls doch, kostet die Prämie ab etwa 60 Mark/Jahr bei 2000 Mark Versicherungssumme. Es gibt einige Klauseln, die die Haftung der Gesellschaften begrenzen: für Dokumente, Bargeld, Flugtickets usw. gibt es keinen Ersatz, für Fotoapparate nur mit bestimmten Einschränkungen, ebenso für aus dem Auto gestohlenes Gepäck.

Da man bei einer längeren Nordamerika-Reise keine hier geltende Krankenversicherung benötigt, sollte man eine Vereinbarung treffen, diese für die Reisedauer zu unterbrechen. Das ist meist nur bei langen Reisen möglich, aber man kann ja behaupten, eine solche lange Reise zu beabsichtigen und später seine Ansicht aus irgendwelchen Gründen geändert zu haben, wenn man sich früher zurückmeldet...

Falls man das eigene Auto mitnimmt, gilt dessen Versicherung, wie wir bereits wissen, drüben nicht. Auch hier sollte man versuchen, mit der Versicherung bei längeren Reisen eine Unterbrechung zu vereinbaren. Wer sich die Lauferei und die Umstände sparen will, ein Auto drüben zu versichern, kann das auch schon hier tun, allerdings gegen eine höhere Prämie. Das gilt auch, wenn man erst ein Auto drüben kaufen will. Hat man die Prämie bezahlt, erhält man ein Formular, das man ausgefüllt zurückschickt, sobald man die Fahrzeugdaten kennt. Eine solche Versicherung wird durch die AIU (American International Underwriters), Oberlinden 76, 6000 Frankfurt, angeboten. Die Basis-Deckungssumme ist sehr niedrig und sollte gegen Prämienzuschlag erhöht werden. Ansonsten ist es egal, welches Auto man versichert – die Prämie wird dadurch nicht beeinflußt.

1.07 Was man mitnimmt – und wie!

Wahrscheinlich werden Sie jetzt eine Aufstellung erwarten, aus der Sie entnehmen können, was Sie besser von hier mitnehmen, weil es drüben vergleichsweise teuer ist. So sollte es ursprünglich auch sein, aber bald hat sich erwiesen, daß eine derartige Checkliste nicht erstellt werden kann.

Das größte Problem ist der ständig wechselnde Dollarkurs. In den letzten Jahren lag zwischen der niedrigsten und der höchsten Notierung des US-Dollars eine Differenz von 100 Prozent! Es ist klar: wenn man für einen US-Dollar weniger als zwei Mark bezahlen muß, ist drüben fast alles vergleichsweise billig; steht der Kurs aber auf mehr als drei Mark, wird der nordamerikanische Kontinent ein teures Pflaster. Jawohl, nicht nur die USA, sondern auch Kanada und Mexiko, denn der US-Dollar beeinflußt den kanadischen Dollar stark und den Peso zumindest dadurch, daß bei einem hohen Dollarkurs die amerikanischen Touristen Mexiko überfluten, reichlich Geld ausgeben und damit die Preise treiben.

Wesentlich ist natürlich auch, ob man mit dem Wohnmobil oder einem anderen motorisierten Verkehrsmittel unterwegs ist. Wer ein Wohnmobil mit der entsprechenden Ausstattung hat, braucht nur Dinge des persönlichen Bedarfs, also kein Zelt, keinen Kocher, keinen Schlafsack usw.

Falls man beabsichtigt, möglichst billig zu reisen und sich drüben mit zwei oder mehr Personen einen älteren Kombi teilen will, ist man versucht, über die persönlichen Bedarfsartikel hinaus möglichst die komplette Campingausrüstung mitzunehmen. Allerdings: man darf bekanntlich nicht beliebig viel Gepäck mitnehmen, ohne sehr hohe zusätzliche Flugfracht-Gebühren bezahlen zu müssen. Es gilt also zunächst zu klären, wieviel Freigepäck in Verbindung mit dem Flugticket befördert wird.

Wahrscheinlich kennen Sie von Europa-Flügen her das Gewichtslimit von 20 Kilogramm. Ein Anruf bei einem Reisebüro wird Sie beruhigen: im Nordatlantik-Flugverkehr dürfen Sie, so wird man Ihnen versichern, zwei Gepäckstücke mit einem Gewicht von jeweils 32 Kilo mitnehmen, zusammen also 64 Kilo. Eines dieser Gepäckstücke darf in der Additon der Maße von Länge, Breite und Höhe 158 cm groß sein, das andere 140 cm (nur der Vollständigkeit halber: in der 1. Klasse gilt für beide Gepäckstücke das Maß 158 cm).

So weit, so gut. Mit 64 Kilo Freigepäck ist man für alle Gegebenheiten bestens gerüstet, zumal dann, wenn man mit zwei oder mehr Personen reist und gemeinsam benötigte Gegenstände entsprechend aufteilen kann. Ich kenne Leute, die sogar ein Schlauchboot als Freigepäck mitgenommen haben! Leider hat die Sache aber einen Haken, und zwar einen recht großen: die Gewichtsangaben gelten nur für Linienflüge, also für die teuerste Variante im Flugverkehr – mehr darüber an anderer Stelle. Bei Billigflügen liegt das Limit viel niedriger, nämlich bei 30 oder gar nur bei 20 Kilo. Veranstalter von ABC-Flügen können das Gepäcklimit im Prinzip beliebig festlegen, werden aber selten sehr großzügig sein, weil sie ja für eine kostengünstige Kalkulation möglichst viele Passagiere befördern wollen und dazu möglichst viele Flugtickets pro Maschine verkaufen müssen, also am Gepäck sparen. Die IATA (International Air Transport Association) angeschlossenen Fluggesellschaften (und das sind die meisten) sind an die gemeinsam beschlossenen Beförderungs-Bedingungen gebunden.

Eventuell kann es vorteilhafter sein, nicht den absolut billigsten Flug zu buchen, sondern lieber ein paar Mark mehr zu bezahlen, wenn man dafür eine Ausrüstung mitnehmen kann, die man andernfalls drüben teuer kaufen und nach der Reise wegwerfen müßte. Dieser Punkt wird bei Preisvergleichen oft übersehen.

Andererseits sollten Sie nicht verzweifeln, wenn Sie nur 20 oder 30 Kilo Freigepäck mitnehmen dürfen. Sie müssen sich dann nur etwas mehr Mühe geben, alle Möglichkeiten auszunutzen.

Das beginnt bereits mit der Verpackung der Habseligkeiten. Ein Hartschalenkoffer scheint ideal zu sein, denn er ist äußerst robust und relativ leicht. Relativ – er wiegt nämlich immer noch bis zu fünf Kilo, und die gehen von dem, was Sie darin befördern wollen, ab! Wie haben wir doch in der Schule gelernt: Brutto minus Tara gleich Netto, und nur das »Netto« ist für uns interessant.

Am besten ist ein »Seesack« als Verpackung geeignet. Solche Kleidersäcke sind neu oder gebraucht aus Militärbeständen in den Ausrüstungs-Geschäften sehr billig zu bekommen. Sie wiegen je nach Qualität zwischen 800 und 1500 Gramm und haben im Idealfall einen oder zwei Tragegurte sowie die Möglichkeit, sie durch ein Vorhängeschloß zu sichern. Einen Nachteil nur haben sie: sie sind nicht formstabil. Zerbrechliche Gegenstände sollte man also besser nicht darin unterbringen; das Flughafen-Personal geht nicht gerade zärtlich mit Gepäckstücken um, wie oft genug aufgeplatzte Billig-Koffer beweisen. Eventuell muß man zerbrechliche Dinge dick in Kleidungsstücke einwickeln und sie dadurch schützen. Insbesondere scharfkantige Gegenstände muß man so verpakken, daß sie die Segeltuch-Säcke nicht beschädigen können.

Neben den eigentlichen Gepäckstücken, die aufgegeben und im Frachtraum des Flugzeugs befördert werden, darf man Handgepäck mitführen. Dazu zählt neben Überkleidung, Schirm, Kamera, Reiselektüre usw. auch eine »Handtasche«. Diese Handtasche ist nach Gewicht und Größe nicht definiert. Es hat sich eingebürgert, daß ein Gepäckstück als Handgepäck akzeptiert wird, wenn es unter dem Sitz oder in der Ablage darüber verstaut werden kann. Tatsächlich sind sogar für Reisende, die nur einen oder zwei Tage unterwegs sind, spezielle Koffer als »bordcase« entwickelt worden, die als Handgepäck mitgenommen werden können und die Umstände und Wartezeiten bei der Gepäckausgabe ersparen. Diese Koffer sind natürlich vergleichsweise klein, aber man kann in ihnen doch eine ganze Menge unterbringen, vor allem schwere Dinge, denn, wie erwähnt, ein Gewichtslimit gibt es dafür nicht.

Und was macht man mit nicht sonderlich schweren, aber voluminösen Gepäckstücken? Meist wird es sich dabei um Kleidung handeln. Hat man Probleme mit der Unterbringung in dem Gepäck, zieht man sie sich ganz einfach an! Niemand kann Ihnen verbieten, sich in Hemden und Pullovern einzumummen wie ein Eskimo und darüber noch Anorak, Parka oder Poncho zu ziehen. Keine Angst: im Flugzeug können Sie, wenn es Ihnen zu warm ist, sich schichtweise entblättern wie eine Zwiebel. Insbesondere lohnt es, die schwersten und sperrigsten Schuhe anzuziehen, statt sie in das Gepäck zu stecken, selbst wenn es schenkelhohe Gummistiefel sein sollten. Die Mitreisenden mögen das vielleicht etwas seltsam finden, aber das wird Sie wohl nicht allzu sehr stören. Jedenfalls verstoßen Sie damit gegen keine Beförderungsbestimmungen.

Das tun Sie aber, wenn Sie versuchen, einen vollgepfropften Rucksack als Handgepäck mitzunehmen, wie das zuweilen geraten wird. Auch bei großzügiger Auslegung wäre das keine »Handtasche« mehr; manche Gesellschaften mögen auch einen solchen Rucksack noch tolerieren, vor allem, wenn sie nicht ausgebucht sind, aber darauf kann man sich eben nicht verlassen.

Sie sehen also: wenn man sich zu helfen weiß, sind selbst bescheidene 20 Kilogramm Freigepäck kein unüberwindliches Hindernis, um mehrere Monate in Nordamerika herumzureisen.

Man sollte möglichst alles an Ausrüstung mitnehmen, was man voraussichtlich benötigt, sofern man es im Rahmen der geltenden Bestimmungen befördern kann. Gewiß gibt es mancherlei an Ausrüstungsgegenständen, was in Amerika selbst bei hohem Dollarkurs kaum teurer, eventuell sogar billiger ist als bei uns. Solche Dinge aber halten meist viel länger, als es der Dauer Ihrer Reise entspricht. Es ist eine alte Erfahrung, daß das Gepäck auf dem Rückflug stets umfangreicher ist als auf dem Einflug und man dann größere Schwierigkeiten hat, den Bestimmungen zu entsprechen. Man wird also manche Dinge, die man drüben gekauft hat und die nach der Reise noch in durchaus einwandfreiem Zustand sind, verschenken oder wegwerfen müssen. Einen Käufer dafür zu finden, erfordert Zeit und Mühe.

Der Aufwand an Kleidung hält sich auf einer motorisierten Camping-Reise durch Nordamerika in Grenzen, sofern Sie nicht Vorsorge gegen ausgesprochen arktische Temperaturen treffen müssen. Bedenken Sie immer, daß es auf jedem Campingplatz (oder doch auf fast jedem) Münz-Waschmaschinen und -Trockner gibt, so daß Sie schmutzige Kleidung rasch waschen können und nicht viel Reserve benötigen. Im übrigen herrscht bei Freizeitkleidung in Amerika ausgesprochene Narrenfreiheit – mit einer seltsamen Ausnahme: auch die US-Amerikaner sind für unsere Vorstellungen zuweilen erstaunlich prüde. Weibliche Wesen sollten die Gewichtsersparnis besser nicht so weit treiben, das Bikini-Oberteil zu Hause zu lassen!

Und noch ein Rat, der vielleicht überraschen mag: treffen Sie Vorsorge, sich auch einmal in etwas ansehnlichere oder förmlichere Gewandung hüllen zu können! Es gibt mancherlei Anlässe, einen respektablen, seriösen Eindruck zu machen – beispielsweise gegenüber Beamten. Kleider machen nun einmal Leute; wer allzu salopp gekleidet ist, darf sich nicht wundern, wenn er abgewiesen oder doch mit Zurückhaltung behandelt wird. Man muß ja nicht gleich übertreiben und einen dunklen Nadelstreifen-Anzug samt Zubehör mitschleppen. Meine »Garderobe für besondere Anlässe« besteht aus einer Alcantara-Jacke, die ich mit farblich passenden Cord-Jeans und einem hellen Hemd oder einem leichten Rollkragen-Pullover kombinieren kann. Die Alcantara-Jacke ist teuer – und das sieht man ihr auch an, so daß die anderen Kleidungsstücke meinem schlechten Geschmack oder europäischen Sitten zugeschrieben werden. Vor allem aber ist eine Alcantara-Jacke sehr leicht und praktisch knitterfrei, verträgt also auch eine rauhe Behandlung.

Wer mit dem Auto oder Motorrad auf Camping-Tour unterwegs ist, benötigt an Ausrüstung neben der Kleidung und persönlichen Bedarfsartikeln vor allem Schlafsack, Zelt und Kochgerät.

Ein Schlafsack ist nicht schwer (ca. 2 kg), aber voluminös. Wird die Reise so geplant, daß keine sehr niedrigen Temperaturen zu erwarten sind, muß es kein teurer Daunenschlafsack sein; noch immer gibt es keinen Kunststoff, der bei ähnlich geringem Raumbedarf ähnlich gut isoliert wie die teuren Daunen. Dafür aber rat ich zu einem zusätzlichen Jugendherbergs-Schlafsack aus Baumwollgewebe, der in den eigentlichen Schlafsack gesteckt und gelegentlich rasch gewaschen werden kann. Bei sehr warmem Wetter kann man auch nur im Jugendherbergs-Schlafsack schlafen, obwohl er keinesfalls einen richtigen Schlafsack überflüssig macht.

Ebenfalls zum Schlafsack gehört eine Unterlage. Am bequemsten, aber auch am schwersten (ca. 2,5 kg), ist eine Luftmatratze. Sie ist zudem empfindlich gegen mechanische Beschädigung und muß vor Gebrauch jedesmal aufgeblasen werden. Muß man mit dem Gepäck geizen, kann man die Luftmatratze durch eine billige und deshalb drüben zu kaufende Schaumstoffmatte ersetzen, die man nach der Reise einfach wegwirft.

Zu reinen Schlafzwecken muß ein Zelt nicht groß sein. Es gibt sehr gute Schlafzelte für zwei Personen, die, obwohl doppelwandig, nur ca. 2 kg wiegen. Motorradfahrer werden kaum eine andere Wahl haben, als sich mit einem kleinen, niedrigen Zelt zu begnügen. Autofahrer aber sollten sich gerade beim Zelt sehr viel mehr Luxus gönnen und ein relativ geräumiges Wohnzelt wählen. In ihm kann man auch ganz gut einige Regentage aushalten und angenehm mehrere Tage an einem besonders reizvollen Ort verweilen, ohne sich in der Bewegungsfreiheit allzu sehr einschränken zu müssen. Allerdings sollte man darauf achten, daß der Aufbau auch bei einem großen Zelt mit Vorzelt usw. nicht zu lange dauert.

Unter dem Vordach kann man auch bei Regenwetter kochen. Für längere Reisen ist dafür ein zweiflammiger Benzinkocher (Coleman) ideal, der drüben preiswerter ist als hier (ca. 35 Dollar). Er kann erfahrungsgemäß lange Zeit mit Autobenzin betrieben werden, bevor die Düsen sich zusetzen und gereinigt werden müssen. Zum Wegwerfen nach der Reise ist er allerdings zu schade und zu teuer. Übrigens: in den USA darf man Benzin nicht in einem Reservekanister im Auto transportieren, in Kanada muß der Reservekanister rot gestrichen sein.

Neben einem »richtigen« Kocher ist ein Trangia-Spirituskocher recht praktisch, wenn man immer oder doch zuweilen in Hütten oder Motels übernachtet. Mehr darüber im Kapitel »Selbstversorgung«.

Geschirr und Besteck für Campingzwecke kann man je nach Platz im Fluggepäck mitbringen oder drüben kaufen; es ist kein allzu großer Kostenfaktor. Neben der üblichen Camping-Topfgarnitur hat sich für längere Reisen eine teflonbeschichtete Pfanne bestens bewährt, die es z. B. gegen Aufpreis von Trangia gibt; dazu gehört ein Fleischwender, der die Beschichtung nicht zerkratzt. Ebenfalls sehr praktisch ist ein Schöpflöffel aus Weichplastik.

Welche Dinge des persönlichen Bedarfs Sie mitnehmen, liegt natürlich an Ihnen und Ihren Ansprüchen.

1.08 Zeitzonen, Klima, Reise- und Ferienzeiten, Feiertage, Maße

Die Erde dreht sich um ihre Polachse und setzt dabei im 24-Stunden-Intervall stets einen anderen Teil ihrer Oberfläche der Sonne aus. Ganz neu ist diese Tatsache gewiß nicht, ebensowenig wie die Einteilung der Erde in 180 Längengrade.

Recht willkürlich hat man den Null-Meridian durch die damals im Londoner Stadtteil Greenwich residierende, 1675 gegründete und mittlerweile längst verlegte Königliche Sternwarte gezogen. Noch heute aber gilt die »Greenwich Mean Time« als Weltzeit.

Hat die Sonne an irgendeinem Punkt der Erde ihren höchsten Stand erreicht, dann ist dort 12 Uhr Mittag. Eine Differenz von einem Längengrad entspricht einer Zeitverschiebung um vier Minuten; 15 Längengrade ergeben also eine Verschiebung um eine Stunde. Im Westen wird die gleiche Zeit später erreicht, im Osten früher. Wenn es in Deutschland 12 Uhr ist, dann ist es in New York 6 Uhr und in China 18 Uhr.

Ganz exakt hält man sich nicht an die Ortszeit, sonst wäre ja keine zeitliche Abstimmung möglich. Man hat vielmehr die Erde in Zeitzonen unterteilt, die im Prinzip jeweils 15 Längengrade, also eine Stunde, umfassen. Innerhalb einer Zeitzone wird die gleiche, mittlere Zeit zugrunde gelegt.

Vor allem aus politischen Gründen hält man sich allerdings nicht an die Geografie und ist bei der Festlegung der Zeitzonen flexibel. Die Grenzen der Zeitzonen folgen also oft nicht exakt den Längengraden, sondern politischen Grenzen und weichen dabei teilweise erheblich von den sie theoretisch begrenzenden Längengraden ab. Auf diese Weise erhält man innerhalb eines Landes oder benachbarter Länder die gleiche Zeit, was natürlich die zeitliche Abstimmung von Fahrplänen, Verabredungen, Terminen usw. erheblich vereinfacht. Die mitteleuropäische Zeitzone, in der wir leben, umfaßt einen Bereich, in dem die Sonne im Westen zwei Stunden später ihren Höchststand erreicht als im Osten!

Nordamerika hat eine viel zu große Breitenausdehnung, als daß es etwa innerhalb der USA oder in Kanada eine einheitliche Landeszeit geben könnte. Man paßt sich deshalb dort nur wenig den ohnehin meist schnurgerade verlaufenden Grenzen zwischen den Staaten und Provinzen an und folgt mit den Zeitzonen recht genau den Längengraden. Das hat für die quer durch ihr Land reisenden Amerikaner, mehr aber noch für Übersee-Besucher, mancherlei Überraschungen zur Folge. Wir sind es gewöhnt, Zeitzonen nur in Verbindung mit Landesgrenzen zu wechseln und dabei unsere Uhr entsprechend zu korrigieren. In den USA und in Kanada (das viel schmalere Mexiko hat nur im Nordwesten »Mountain ST«, sonst »Central ST«) wechselt man von einer Zeitzone ohne irgendeinen Hinweis in die nächste. Allerdings ist aus allen amerikanischen Karten und Atlanten der Verlauf der Zeitzonen ersichtlich.

Wie breit sich der amerikanische Kontinent ausdehnt, geht am besten aus der folgenden Tabelle hervor, die neben den amerikanischen Zeitzonen auch die Greenwich-Zeit und die entsprechende Zeit in Deutschland aufführt.

Mitteleuropa (Deutschland)	13.00 Uhr
Weltzeit (Greenwich-Zeit)	*14.00 Uhr*
Newfoundland Standard Time	8.30 Uhr
Atlantic ST	8.00 Uhr
Eastern ST	7.00 Uhr
Central ST	6.00 Uhr
Mountain ST	5.00 Uhr
Pacific ST	4.00 Uhr
Yukon ST	3.00 Uhr
Alasca-Hawaii-ST	2.00 Uhr
Western ST	1.00 Uhr

Neufundland gehört zu den wenigen Ausnahmen auf der Erde, bei denen die Zeitzone nur um eine halbe Stunde springt. Die Western Standard Time gilt nur für den äußersten Westen von Alaska und die dort vorgelagerten Inseln, soweit sie zu den USA gehören.

Wenn die Zeit von Zone zu Zone in westlicher Richtung immer mehr nachgeht und in östlicher Richtung immer mehr vorgeht, muß es logischerweise irgendwo eine Datumsgrenze geben, an der die Zeit schlagartig um volle 24 Stunden springt. Diese Datumsgrenze liegt dem Null-Meridian von Greenwich genau gegenüber. Bei gleicher Uhrzeit ist es unmittelbar westlich davon Montag, östlich davon erst Sonntag.

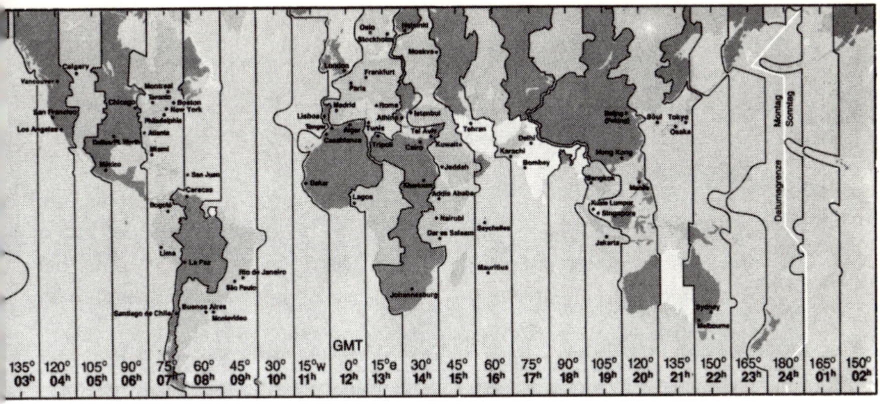

Weltzeitkarte. Deutlich ist zu erkennen, mit welchen Schnörkeln die Zeitgrenzlinien den politischen und geografischen Gegebenheiten angepaßt werden.

Zu den Alaska westlich vorgelagerten Inseln gehören Klein- und Groß-Diomedes. Klein-Diomedes gehört zu den USA, das nur 1800 Meter entfernte Groß-Diomedes zu der UdSSR. An dieser Stelle stehen sich die beiden Weltmächte also unmittelbar gegenüber! Die ideologischen Unterschiede werden besonders sinnfällig durch den Zeitunterschied, denn zwischen den beiden Diomedes-Inseln verläuft die Datumsgrenze. Die rund 800 Eskimo-Einwohner beider Inseln sind alle miteinander verwandt und haben den gleichen, christlich-orthodoxen Glauben. Zusammenkommen aber dürfen sie nicht mehr, obwohl sie im Winter nur ein kurzer Spazierweg über das Eis trennt. Wenn sie von Klein- nach Groß-Diomedes laufen, wären sie allerdings mehr als 24 Stunden unterwegs, während sie den Weg in umgekehrter Richtung in Super-Rekordzeit zurücklegen könnten: sie würden fast einen Tag früher eintreffen, als sie aufgebrochen sind...

Allzu viel ändert sich auch durch die in vielen Ländern üblich gewordene Sommerzeit nicht, mit der man versucht, sich dem Tagesablauf besser anzupassen. So etwas gibt es nämlich nicht nur bei uns, sondern auch in vielen Staaten der USA unter der Bezeichnung »daylight saving time«. Es bleibt dann also bei der normalen Zeitdifferenz.

Bevor wir die Zeit verlassen, noch ein Hinweis. Die Stunden nach 12 Uhr werden nicht bis zu 24 Uhr weitergezählt, sondern die Vormittagsstunden durch den Zusatz am, die Nachmittagsstunden durch pm voneinander unterschieden. Also: 6 Uhr = 6 am, 18 Uhr = 6 pm.

Das nordamerikanische Festland reicht nach Norden etwa ebensoweit wie in Skandinavien, also bis zum 70. Breitengrad, obwohl in Kanada zahlreiche sehr große, fast zusammenhängende Inseln bis zum 85. Breitengrad vorstoßen. Die USA grenzen an Kanada etwa entlang des 50. Breitengrads, an Mexiko etwa entlang des 30. Breitengrads. Im Süden reicht Mexiko bis zum 15. Breitengrad.

Eine Überraschung werden wir erleben, wenn wir die klimatischen Verhältnisse der auf dem gleichen Breitengrad liegenden Orte in Europa und Amerika miteinander vergleichen. Der 50. Breitengrad verläuft bei Frankfurt, der 30. in Nordafrika – etwa entlang des Südzipfels von Tunesien.

Hätten Sie geglaubt, daß New York auf der Breite von Madrid oder Neapel liegt? Daß Anchorage, Whitehorse oder Yellowknife etwa Oslo oder Helsinki entsprechen, also Städten mit wohl kaltem, aber durchaus nicht extremem Winter?

Unser vergleichsweise mildes nordeuropäisches Klima verdanken wir Amerika, nämlich dem von der Karibik ausgehenden Golfstrom, der unsere Küsten erwärmt, während seine Ausläufer durch den kalten Labradorstrom von der amerikanischen Ostküste abgedrängt werden, und zwar immer mehr, je weiter man nach Norden kommt.

Zusätzlich macht sich in unserem kleinen Europa der ausgleichende Einfluß der nie allzuweit entfernten großen Wasserflächen bemerkbar, während das typische Binnenklima in großer Entfernung von der See durch extreme Temperaturunterschiede zwischen Sommer und Winter gekennzeichnet ist.

Auf Klimakarten sind die sogenannten »Isothermen« eingezeichnet. Das sind Linien gleicher Temperatur zu einem bestimmten Zeitpunkt. Im Januar verläuft die 0-Grad-Isotherme entlang der skandinavischen Küste und macht sogar einen großen Bogen weit nördlich des Polarkreises (66 Grad). An der Ostküste von Amerika verläuft sie hingegen noch südlich des 40. Breitengrades bis westlich der Rocky Mountains, von wo aus sie dann unter dem milden Einfluß des Pazifik der Küste bis nach Alaska folgt. Im Sommer verlangt es keine besondere Härte, in dem auf dem 69. Breitengrad liegenden finnischen Inari-See zu baden; im auf dem Polarkreis liegenden Großen Bärensee in den Kanadischen Northwest Territories ist das nur sehr abgehärteten Naturen zu empfehlen!

Damit soll nun keineswegs gesagt sein, daß Amerika grundsätzlich ein Eiskeller ist. Man kann nur nicht das Klima von Orten auf dem gleichen Breitengrad miteinander vergleichen. Im Sommer kann es auch in Alaska

Hier hat der Zeichener zweifellos übertrieben, aber an der Westküste, vor allem im Süden, kann man sehr wohl vormittags am Strand liegen und nachmittags Ski laufen.

ausgesprochen heiß sein; fast unerträglich heiß wird es im Binnenland, also auf den ehemaligen Prärien und den südlich angrenzenden Wüsten. Im Winter ist das Klima in Kalifornien mild, in Florida und natürlich vor allem in Mexiko ausgesprochen warm.

Wegen des milden Klimas gilt Kalifornien als bevorzugter Wohnort in den USA. Keine Rose aber ohne Dornen: entlang der Rocky Mountains und der südlich an sie anschließenden Anden zieht sich eines der aktivsten Erdbeben-Gebiete der Erde, während die östlich davon gelegenen Landmassen praktisch bebenfrei sind.

Die amerikanischen Schulferien sind etwa ebenso lang wie unsere, aber nicht über das Jahr aufgeteilt, sondern auf die Sommermonate von Anfang Juni bis Anfang September konzentriert. Dieser Zeitraum ist dann auch allgemein die große Reisezeit, und trotz der im Vergleich mit Europa dünnen Besiedlung kommt es an den besonders beliebten Reisezielen, wie dem Grand Canyon oder dem Yellowstone National Park, zu einem Ansturm, der an südeuropäische Badestrände erinnert. Alaska kann man praktisch nur in dieser Zeit mit dem Auto besuchen, den Touristen also nicht ausweichen. Ähnlich ist es in den Wintermonaten in Teilen von Florida und Mexiko, wo insbesondere die vielen Rentner, die ständig in großen Wohnmobilen leben, scharenweise einfallen. Das Land ist aber so groß, daß es immer eine Möglichkeit geben wird, neben dem Touristenstrom zu schwimmen.

Die Reisezeit endet fast schlagartig mit einem der wenigen Feiertage in den USA und Kanada, dem Labour Day am ersten Montag im September. Andere Feiertage sind: 1. Januar; Washington's Birthday (3. Montag im Februar, nur USA); Victoria Day (3. Montag im Mai, nur Kanada); Memorial Day (letzter Montag im Mai, nur USA); Dominion Day (1. Juli, nur Kandada); Independence Day (4. Juli, nur USA); Columbus Day (USA) bzw. Thanksgiving (Kanada) am 2. Montag im Oktober; Veterans Day (11. November); Thanksgiving (nur USA, 4. Donnerstag im November); Christmas (25. Dezember). Mexiko ist als katholisches Land mit Feiertagen reichlicher gesegnet.

Vielleicht haben Sie sich schon darüber gewundert, daß die Digital-Uhren das Datum meist in der unlogischen Reihenfolge Monat – Tag – Jahr angeben. Es ist dies die in Amerika übliche Schreibweise. Zu Verwechslungen kann es führen, daß die Ziffer 7 ohne den bei uns üblichen Querstrich geschrieben wird und so an unsere 1 erinnert, während die amerikanische 1 nur aus einem senkrechten Strich besteht.

Elektrische Geräte haben in Amerika eine Spannung von 110 oder neuerdings 120 Volt. Alte 110-V-Geräte können natürlich auch mit 120 V betrieben werden. Rasierapparate und manche Haarföhns sind von 220 V auf 110/120 V umstellbar; nicht umstellbare Elektrogeräte kann man zu Hause lassen. Amerikanische Stecker unterscheiden sich von unseren; Adapter gibt es bei uns überall, in Amerika nirgendwo. Hat man keine, muß man drüben andere Stecker montieren.

Zu den US-amerikanischen Eigentümlichkeiten gehört das anachronistische Maßsystem, während man nicht nur in Mexiko, sondern auch in Kanada den Übergang zum Dezimalsystem vollzogen hat. Die wichtigsten Umrechnungsgrößen wird man sich aufschreiben und immer mitführen; bald wird man sie auswendig wissen. Noch viel einfacher ist es, sich einen Taschenrechner im Scheckkarten-Format (meiner ist von Casio) zu besorgen, in dem fast alle Umrechnungs-Faktoren programmiert sind. Hier die wichtigsten Umrechnungs-Faktoren:

1 inch = 2,54 cm; 1 cm = 0,4 inch
1 foot = 0,30 m; 1 m = 3,3 feet
1 yard = 0,91 m; 1 m = 1,1 yards
1 mile = 1,6 km; 1 km = 0,62 miles
1 square yard = 0,84 m^2; 1 m^2 = 1,2 square yards
1 acre = 0,4 Hektar; 1 Hektar = 2,5 acre

1 square mile = 2,6 km^2; 1 km^2 = 0,39 square miles
1 ounce = 28,3 Gramm; 1 Gramm = 0,035 ounces
1 pound = 0,45 Kilogramm; 1 Kilogramm = 2,2 pounds

Bei den Raummaßen für Flüssigkeit wird es noch komplizierter. Leider ist nämlich auch die kanadische Imperial gallon noch nicht völlig ausgestorben. Sie hat 4,55 Liter; entsprechend unterscheiden sich auch die Bruchteile von der US-Gallone.

1 US gallon = 3,8 l; 1 l = 0,26 gallons
1 quart (¼ gallon) = 0,95 l; 1 l = 1,05 quarts
1 pint (½ quart) = 0,47 l; 1 l = 2,12 pints

Die geringen Differenzen zwischen quart und Liter haben dazu geführt, daß auch in den USA manche Flaschen statt eines quart einen Inhalt von einem Liter haben, so daß die Einheit mit dem im Rest der Welt, auch in Kanada, üblichen Raummaßen vergleichbar ist. Die »Jumbo«-Flasche mit einem Inhalt von einer halben Gallone hat dann nicht 1,9, sondern nur noch 1,75 Liter Inhalt.

Ganz schwierig wird es mit der Umrechnung der Temperatur, also von Fahrenheit in Celsius und umgekehrt. Auch dafür gibt es eine Formel:

° F = (°F−32): 1,8. Beispiel: 95° F = (95−32): 1,8 = 35° C.
° C = 1,8 × ° C + 32. Beispiel: 35° C = 35 × 1,8 + 32 = 95° F.

Neben 1-Cent-Münzen gibt es 5-Cent-Münzen (Nickel), 10-Cent-Münzen (Dime) und 25-Cent-Münzen (Quarter). Der Silberdollar (USA) ist als Zahlungsmittel unüblich.

US-amerikanische Geldscheine haben unabhängig vom Nennwert nicht nur die gleiche Farbe (greenbacks), sondern auch die gleiche Größe, unterscheiden sich also nur durch den eingedruckten Nennwert und das Motiv (Präsidentenköpfe). Man sollte sich also, zumindest bevor man mit den Dollarscheinen vertraut ist, vor Verwechslungen hüten. Größere Scheine als über 100 Dollar Nennwert sind unzweckmäßig und werden zuweilen ungern genommen; finanzielle Transaktionen über größere Beträge werden mit Kreditkarte oder Scheck erledigt.

Während man auch in Mexiko und Kanada meist mit US-Dollars zahlen kann, ist das umgekehrt allenfalls in Grenznähe möglich. Europäische Währungen zu wechseln kann schwierig werden, da die amerikanischen Bankkassierer europäische Geldscheine meist nicht gut genug kennen, um vor Fälschungen sicher zu sein.

1.09 Billig nach Amerika

Es ist üblich geworden, über die heutigen Zeiten zu klagen und nostalgisch von der guten, alten Zeit zu schwärmen, in der alles viel besser war. Amerika-Reisende sollten sich freuen, in der heutigen Zeit zu leben – nicht nur wegen der motorisierten Fortbewegung in Amerika, sondern auch wegen der Anreise in das gelobte Land.

Seit dem Zeitalter der Dampfschiffahrt ist eine Amerika-Reise vielleicht kein Abenteuer mehr, das mehrere Wochen dauert, aber noch vor dem letzten Krieg und einige Jahre danach reiste man in aller Regel per Schiff nach Amerika. Wohl gab es damals bereits einen Linien-Flugverkehr über den Atlantik, aber den konnten sich nur vermögende Leute leisten.

Auch die Schiffspassage war alles andere als billig nach damaligen Maßstäben. Immerhin mußte man mindestens eine Woche lang verpflegt und untergebracht sowie bedient werden. Deshalb kostet auch heute noch eine Schiffspassage nach Amerika im billigsten Frachter mit ein paar Passagierkabinen so viel wie die Vollpension in einem Mittelklasse-Hotel für den vergleichbaren Zeitraum. Selbst wenn die eigentlichen Transportkosten noch so niedrig kalkuliert werden, wird man für eine einfache Fahrt mindestens 1000 Mark bezahlen müssen.

Da Schiffspassagen heute eine seltene Ausnahme im Transatlantik-Verkehr sind, kann man seinen Reisetermin nicht beliebig festlegen, und auch bei der Ankunft kann es zu erheblichen Verspätungen kommen – durch widriges Wetter, vor allem aber, wenn das Schiff einen Zwischenhafen anläuft. Mit anderen Worten: eine Schiffsreise ist nicht billig, aber langwierig und mit allerlei Unannehmlichkeiten verbunden.

Wer nicht gerade die etwas fragwürdigen Reize einer Schiffsreise über den Atlantik schätzt, hat nur einen möglichen Grund dafür, das Schiff dem Flugzeug vorzuziehen: das eigene Fahrzeug zu begleiten. Das ist auf manchen Frachtschiffen möglich. Mit manchen Frachtagenten kann man vielleicht sogar ein besonders günstiges Arrangement für die Beförderung von zwei oder mehr Personen und einem Fahrzeug treffen.

In den 50er Jahren wurde das Flugzeug im Transatlantik-Verkehr immer mehr zu einer Alternative zum traditionellen Schiff. Man hopste recht umständlich und langsam über Irland (Shannon) nach Neufundland (Gander) auf dem kürzesten Weg über den großen Teich, war aber immer noch viel schneller als per Schiff. Allerdings war der Flug dafür zunächst auch teurer als die Schiffsreise.

Eine neue Ära im Flugverkehr begann mit den Düsenflugzeugen, die gegen Kriegsende für militärische Zwecke entwickelt worden waren. Bereits 1958 setzte PanAm als erste Gesellschaft Jets im Transatlantik-Verkehr ein – das war damals ähnlich exotisch wie heute ein Flug mit der Überschall-Concorde. Nur sechs Jahre später – 1964 – hatte die PanAm aber völlig auf Jets umgerüstet; die anderen Gesellschaften mußten, um konkurrenzfähig zu bleiben, rasch folgen. Seither dauert ein Transatlantik-Flug nur etwa acht Stunden.

Läßt man einmal die Concorde beiseite, die für viel Geld die Flugzeit halbiert, hat sich seit Ende der 60er Jahre im Prinzip nicht viel geändert. Der Flugplan ist dichter geworden und – die Preise sind gepurzelt!

Das gilt allerdings für normale Linienflug-Tickets nur mit Einschränkungen. Abgesehen von den geringfügigen Nebenkosten für die Verpflegung während des Flugs und einem von der Belastung abhängigen, etwas höheren Verbrauch sind nämlich die Kosten einer Fluggesellschaft für den Transport von 50 Passagieren im gleichen Flugzeug fast ebenso hoch wie für 400 Passagiere. Da aber eine nur teilweise Auslastung die Regel ist, müssen die Flugpreise pro Passagier so kalkuliert werden, daß auch bei nur durchschnittlicher Auslastung kein Verlust entsteht.

Natürlich wäre es möglich, die Preise pro Ticket unter jenen der Konkurrenz anzusetzen und auf diese Weise eine volle Auslastung zu bekommen. Das würde die Konkurrenz jedoch zu ähnlichen Maßnahmen veranlassen, und das Resultat wäre ein mörderischer Preiskampf. Um diesen zu vermeiden, haben sich die meisten großen Fluggesellschaften zur IATA (International Air Transport Association) zusammengeschlossen und einheitliche Flugpreise vereinbart.

Relativ zum Durchschnittseinkommen sind auch die IATA-Preise noch maßvoll, obwohl sie vorsichtig kalkuliert wurden. Wie hoch sie aber tatsächlich sind, merkt man bei einem Vergleich mit manchen kleineren Gesellschaften, die nicht der IATA angehören und deshalb genau das tun, was die IATA für ihre Mitglieder verhindern soll: durch Niedrigpreise Kunden anlocken. Da sie nicht von deutschen Flughäfen aus starten, muß man allerdings von einem Nachbarland aus abfliegen, von Luxemburg, Holland, der Schweiz, Belgien oder auch Ost-Berlin. Manche dieser Gesellschaften bieten sogar einen kostenlosen Bustransfer von einem deutschen Flughafen zum Auslands-Startflughafen.

Trotz der mit einem solchen Flug verbundenen Umstände hätten diese Gesellschaften noch einen wesentlich regeren Zulauf, wenn die IATA-Gesellschaften nicht mit Sonder-Tarifen gekontert hätten. Für diese

Tarife gibt es die unterschiedlichsten, klangvollen Namen: Holiday, Excursion, Ahornblatt oder Super-APEX. Im Prinzip ist ihnen gemeinsam, daß man eine bestimmte Zeit vor dem Abflug – meist 30 Tage – buchen und bezahlen muß. Auch gibt es nur kombinierte Tickets für Hin- und Rückflug; der Rückflug muß gleichfalls fest gebucht werden und innerhalb eines bestimmten Zeitraums – meist zwischen 7 und 90 Tagen – erfolgen. (Bei späterem Rückflug ist ein Zuschlag fällig, falls überhaupt möglich.) Diese Termine dienen dazu, den Gesellschaften die Disposition zu erleichtern und ihnen eine bessere Auslastung zu ermöglichen. Auch ist das Freigepäck, wie bereits erwähnt, bei Sondertarifen oft niedriger angesetzt als bei Linienflügen.

Die Gesellschaften machen es uns also nicht ganz leicht, statt eines Linienflugs ein Ticket zu einem Sondertarif zu buchen. Der Verdienst bei einem regulären Linienflug-Ticket ist schließlich viel höher. Noch viel höher ist er natürlich in der Business- oder gar der First Class, wo hohe Aufpreise für etwas breitere Sitze und eine geringfügig bessere Bordverpflegung zu bezahlen sind, aber solche Tickets kommen für preisbewußte Atlantik-Flieger ohnehin nicht in Frage.

Jede Mark, die ein zusätzlicher Passagier bei einer nicht ausgelasteten Maschine bezahlt, bedeutet für die Fluggesellschaft auch eine zusätzliche Einnahme, an der sie sehr interessiert ist. Trotz IATA-Vorschriften kämpfen die Gesellschaften miteinander um jeden Passagier. Wie sehr sie sich bemühen und zu welchen Zugeständnissen sie eventuell bereit sind, hängt allerdings sehr von der jeweiligen Gesellschaft ab. Staatliche oder halbstaatliche Gesellschaften wie die Lufthansa sind wenig flexibel; die Mitarbeiter berührt es allenfalls sehr beiläufig, ob ihre Gesellschaft mit Gewinn oder Verlust arbeitet. Wenn möglich, meide ich solche Gesellschaften und bevorzuge solche, die nach privatwirtschaftlichen Grundsätzen geführt werden, wie etwa die PanAm.

Leider haben viele kleinere, private Gesellschaften keine Landerechte in Deutschland, oder sie sind an mancherlei Auflagen gebunden, die es ihnen erschweren, der Lufthansa Konkurrenz zu machen. Auch ist ihr internationales Flugnetz nur locker geknüpft. Hervorzuheben ist die PanAm als eine sehr große private Gesellschaft mit dichtem internationalem Flugnetz und Landerechten in Deutschland, die aber nicht der IATA angehört. Wohl ist auch die PanAm an manche Auflagen gebunden, aber man weiß in den PanAm-Büros oft Rat, wenn es darum geht, billig nach Amerika zu kommen. Pan-Am-Büros gibt es in Berlin, Hamburg, Frankfurt, Stuttgart und München sowie in Genf, Zürich und Wien.

Zu den Ratschlägen, die man bekommt, kann es durchaus gehören, von einem Auslands-Flughafen aus zu starten. So ist etwa London bekannt geworden für supergünstige »stand-by«-Tarife. Hier wird das Prinzip der langfristigen Vorausbuchung, das die Grundlage für die Sondertarife ist, gewissermaßen auf den Kopf gestellt. Man kann überhaupt nicht buchen, sondern muß bis kurz vor Abflug der Maschine warten. Sind dann noch Plätze frei, werden sie in der Reihenfolge einer Warteliste extrem billig verkauft. Auch ansonsten ist ein Abflug von London u. U. günstiger. So muß der Rückflug bei einem Super-APEX-Ticket innerhalb von 14 bis 90 Tagen angetreten werden, wenn es in Frankfurt gekauft wurde, während die Frist in London mit 7 bis 180 Tagen sehr viel großzügiger ist.

Besonders preisgünstig sind Charterflüge. Sie werden nicht von einer Fluggesellschaft direkt veranstaltet, sondern von irgendeiner professionellen oder nicht professionellen Organisation, die das Flugzeug mietet. Sie kann die Preise für ein Ticket frei kalkulieren. Oft werden die Flugzeuge bis zum geht-nicht-mehr ausgelastet und das Freigepäck auf 20 kg oder weniger begrenzt, so daß das Ticket sehr billig angeboten werden kann.

So schön das auch sein mag, gibt es Probleme. Die Unbequemlichkeiten, die etwa ein knapperer Beinraum zwischen den Sitzreihen oder ein schlechterer Bordservice mit sich bringen, kann man tolerieren. Es ist aber ein bestimmter Hin- und meist auch ein bestimmter Rückflug-Termin vorgegeben. Ärgerlicher aber ist für Amerika-Reisende, die sich drüben motorisiert und ungebunden bewegen wollen, eine typisch deutsche Vorschrift, die es bei Charterflügen aus unseren Nachbarländern nicht gibt: mit dem Charterflug muß ein Quartier im Zielland für die Aufenthaltsdauer verkauft werden.

Glücklicherweise sind manche Charterflug-Veranstalter so clever, diese Vorschrift durch ein »Formal-Quartier« zu umgehen, das zur tatsächlichen Benutzung wenig geeignet und auch nicht vorgesehen ist, aber auch das Flugticket entsprechend wenig belastet. Ansonsten kann man auch Charterflüge vom benachbarten Ausland aus ohne Quartierpflicht hier in Deutschland buchen.

Bei den meisten bisher genannten Möglichkeiten, billig nach Amerika zu fliegen, liegt der Termin für die Rückreise fest oder muß selbst innerhalb eine bestimmten Zeit oder Frist festgelegt werden. In der Regel liegt diese Frist bei maximal 90 Tagen, was für einen geplanten längeren Aufenthalt wenig nutzt. Es gibt aber noch die ABC-Flüge; ABC steht für

Advanced Booking Charter. Dabei handelte es sich um Charterflüge, die 30 Tage vor dem Hinflug gebucht und bezahlt werden müssen und bei denen man den Rückreisetermin gleich festlegen muß. Dafür aber unterliegt der Zeitpunkt der Rückreise praktisch keinen Beschränkungen (ein Jahr). Insbesondere in der Hauptsaison sind ABC-Flüge überdies deutlich günstiger als die Sondertarife der Fluggesellschaften.

Wenn Sie nicht an die amerikanische Ostküste, sondern gleich an die Westküste fligen wollen, wird der Spaß natürlich teurer. Seltsamerweise sind die Tickets zu den an der Westküste im Süden gelegenen Flughäfen deutlich höher als zu den Flughäfen im Norden. Sie fliegen also billiger nach Seattle oder Vancouver als nach Los Angeles.

Es gibt von Deutschland aus in kein außereuropäisches Land bessere und billigere Flugmöglichkeiten als nach Nordamerika. Zusammengefaßt lassen sich folgende Ratschläge geben:

- Eine Schiffsreise dauert länger und ist teurer als eine günstig gebuchte Flugreise.
- Linienflüge sind die teuerste Art, nach Amerika zu fliegen, aber man hat die größtmögliche Freiheit hinsichtlich Termin und Zielort, man kann umbuchen und viel Freigepäck mitnehmen. Eine billige, wenn auch etwas ungewisse und umständliche Alternative sind
- stand-by-Flüge vom Ausland aus, vor allem dann, wenn man hinsichtlich des Rückflugs völlig ungebunden sein will.
- Sonder-Tarife der Fluggesellschaften kann man nutzen, wenn die Reisedauer festgelegt ist und 90 Tage nicht überschreitet. Sie müssen 30 Tage vorher gebucht und bezahlt werden, aber oft sind die Fluggesellschaften oder Reisebüros flexibel, wenn man sich kurzfristig entschließt.
- ABC-Flüge entsprechen in ihren Bedingungen weitgehend den Sonder-Tarifen der Fluggesellschaften, sind aber noch etwas billiger, und man kann länger als 90 Tage drüben bleiben.
- Charter-Flüge von Deutschland aus sind an ein Quartier im Zielland gebunden und setzen, auch wenn man auf das Quartier verzichtet, den Rückflugtermin fest. Meist wird die Reisedauer auf zwei bis vier Wochen begrenzt sein. Bei längeren Reisen sind die anteiligen Quartierkosten auch dann hoch, wenn es sich nur um ein »Formal-Quartier« handelt. Also: im Ausland Charterflüge buchen.
- Fliegen Sie gleich an die Westküste und beginnen Sie dort Ihre Reise.
- Fragen Sie bei Fluggesellschaften und Reisebüros nach der günstigsten Möglichkeit – dort sitzen Profis.

1.10 Schlafen, essen und trinken – Selbstversorgung lohnt sich

Es wurde bereits hinreichend begründet, warum eigentlich jede Form des Campings – ob luxuriös im Wohnmobil oder bescheidener im Zelt – reizvoller ist als eine Reise von Hotel zu Hotel, von Restaurant zu Restaurant. Überdies ist sie ungleich billiger. Dennoch soll in diesem Kapitel nicht nur Camping und die Selbstversorgung behandelt werden, sondern auch die Übernachtung in Hotels und das Essen in Restaurants.

Amerikanische Hotels, wie wir sie kennen, gehören meist der gehobenen Preisklasse an. In ihnen kann gefrühstückt werden, auch haben sie meist eine Bar und ein Restaurant, oft auch ein Schwimmbad. Sie bieten also auch über die reine Übernachtung hinaus einigen Komfort.

Viel häufiger und typischer sind hingegen die Motels, wie sie vereinzelt auch bei uns zu finden sind. Sie wurden konsequent auf die Bedürfnisse motorisierter Reisender abgestimmt, die nur eine Nacht dort Rast machen und am nächsten Morgen weiterfahren wollen.

Das übliche Motel liegt an einer Durchgangsstraße am Stadtrand, dort, wo meist auch Supermärkte zu finden sind. Schon von weitem erkennt man auf einem (nachts beleuchteten) Schild, ob noch Zimmer frei sind (vacancies). An der Anmeldung fährt man vor, bezahlt das Zimmer im voraus und bekommt einen Schlüssel. Damit fährt man zum – meist ebenerdigen – Zimmer und parkt direkt davor. Am nächsten Morgen räumt man das Zimmer, läßt den Schlüssel außen stecken und fährt weiter – so einfach ist das!

In Motels gibt es meist kein Frühstück, aber am frühen Vormittag kann man in jeder Filiale einer »fast food«-Kette (wir kommen gleich darauf zurück) ein echt ordentliches und relativ preiswertes Frühstück bekommen. Einzelzimmer sind unbekannt; es gibt Zimmer mit einem oder mit zwei Doppelbetten. Bezahlt wird das Zimmer, wobei es im Preis kaum eine Rolle spielt, ob man allein oder mit mehreren Personen übernachtet.

Die Preise beginnen bei etwa 25 Dollar, im Durchschnitt dürfte man aber 35 Dollar ansetzen müssen. Kleinmöbel fehlen – es soll junge Paare gegeben haben, die sich ihre Wohnungseinrichtung durch Motel-Übernachtungen besorgt haben! Ein Ausweis muß bei der Anmeldung nicht vorgelegt werden, allenfalls wird die Autonummer eingetragen. Geboten werden fast immer ein Fernseher und Bad/WC.

Als Alternative gibt es in Ausflugsgebieten, meist landschaftlich sehr schön gelegen, sogenannte »cabins«. Das sind keine Kabinen, wie oft sehr freizügig übersetzt wird, sondern Hütten. Meist haben sie nur ein großes Zimmer mit Kochnische und Töpfen sowie Geschirr, Eßtisch und Doppelbett. Hingegen sind WC und Dusche in der Hütte wohl oft, aber nicht immer vorhanden – insofern entsprechen dann die Verhältnisse denen auf einem Camping-Platz. Durch die Möglichkeit, sich selbst zu versorgen, und durch die reizvolle Umgebung sind diese Hütten auch für einen längeren Aufenthalt geeignet. Im Preis liegen sie etwa auf Motel-Niveau.

Campingplätze öffentlicher Institutionen, wie der Park- oder Forstverwaltungen, liegen oft besonders idyllisch und einsam. Sie haben einen unterschiedlichen Ausstattungs-Standard, aber die Stellplätze sind immer recht geräumig und haben fast immer einen Tisch mit Bänken, eine Feuerstelle (meist mit fertigem Brennholz) oder einen Grill. Auch gibt es zentrale Duschen, Wasserstellen und Toiletten. In abgelegenen Gegenden sind es nicht immer Spültoiletten, aber auch die Toiletten über offener Grube haben eine Klobrille und sind als Einzeltoiletten abgeteilt. Oft sind diese Plätze kostenlos, ansonsten aber höchstens halb so teuer wie private Camping-Plätze.

Diese privaten Camping-Plätze sind noch aufwendiger ausgestattet; insbesondere haben sie an jedem Stellplatz Anschlüsse für Wasser, Abwasser und Strom, sowie zentrale Spültoiletten und Duschen mit Warmwasser, meist auch Münzwaschmaschinen und ähnliche Annehmlichkeiten. Solche Luxus-Campingplätze sind vor allem für Wohnmobile interessant, für Zelte weniger, kann man doch die Entsorgungs-Anschlüsse mit einem Zelt nicht nutzen. Auch sparsame Wohnmobil-Fahrer laufen aber private Plätze nur alle paar Tage an, um bequem Frischwasser aufzufüllen, Abwasser abzulassen und die Batterien aufladen zu können.

Bei uns ist »wildes« Camping grundsätzlich verboten, in Amerika grundsätzlich erlaubt. Es gibt aber Ausnahmen. So darf man auf den Rastplätzen nur eine begrenzte Zeit verweilen und dort keinen Camping-Betrieb entfalten, weil der Platz ja dann bald für Durchreisende blockiert wäre. Auch in Nationalparks darf man kein wildes Camping betreiben – die Natur soll dort ja heil und unberührt erhalten bleiben. Allerdings gibt es in allen Nationalparks Camping-Plätze. Da dort die bekanntesten Sehenswürdigkeiten liegen – man denke nur an den Yellowstone-Nationalpark oder den Grand Canyon-Nationalpark –, sollte man in der Reisezeit an solchen Orten schon vormittags versuchen, einen Platz zu bekommen. Es gibt rund 40 Nationalparks in den USA, die übrigens alle Eintritt kosten.

Nicht verwechselt werden dürfen die Nationalparks mit den National Forests, den State Parks und State Forests. Hier kann man oft ebenso schön übernachten, ohne den Beschränkungen und dem Andrang der Nationalparks zu unterliegen.

Eine letzte Einschränkung für »wildes« Camping gibt es: Privateigentum. Wenn Schilder durch »no trespassing« das Betreten verbieten, sollte man sich besser daran halten, auch wenn der Platz noch so reizvoll erscheint.

Ein Lagerfeuer ist normalerweise erlaubt, kann aber bei großer Trockenheit verboten oder auch von einer schriftlichen Erlaubnis abhängig gemacht werden.

Meist bereitet es keine Schwierigkeiten, am späten Nachmittag einen Camping-Platz zu finden, wenn man es nicht vorzieht, »wild« zu campen. Wer vorausplanen möchte, kann sich den Camping Guide von Rand MacNally kaufen.

So viel zum Übernachten; kommen wir jetzt zum Essen und Trinken. Restaurants sind in Amerika meist recht teuer – oft muß man für ein vergleichbares Gericht mehr in Dollar bezahlen als bei uns in Mark. Am Eingang wartet man, bis die »hostess« kommt und einen Tisch zuweist; sich selbst einen Tisch auszusuchen und zu setzen ist verpönt.

Hat man Platz genommen, bekommt man erst einmal die Speisekarte, Gläser mit Eiswasser und Kaffee. Zu den Gerichten und Getränken ist nicht viel zu sagen – wie überall auf der Welt gibt es gute und schlechte Restaurants. Bemerkenswert ist allenfalls, daß selbst anspruchsvolle Restaurants längst nicht alle eine Alkohol-Lizenz haben. Es ist auch nicht üblich, nach dem Essen noch einige Zeit im Gespräch gemütlich zusammenzusitzen und zu plaudern, mit oder ohne Getränke.

Bezahlt wird an der Kasse am Ausgang. Meist sind in den Preisen weder Steuer noch Bedienung enthalten. Trinkgelder für den Kellner läßt man am Tisch; da er kein anderes Gehalt erhält und darauf angewiesen ist, sollte man nicht kleinlich sein – um 15 Prozent sind angemessen. Ausnahmen kommen gelegentlich vor; es heißt dann auf der Karte »service included«, oder am Eingang fordert ein Schild »be seated« dazu auf, sich selbst einen Platz zu suchen.

Was es in Amerika kaum gibt, sind Cafés oder Kneipen, in denen man in erster Linie sitzt und erst in zweiter Linie eine Kleinigkeit verzehrt; der über Stunden in die Länge gezogene Kaffee in einem Wiener Kaffeehaus oder der Pastis in einem französischen Straßen-Bistro sind dort undenkbar. Ein Lokal sucht man nur auf, um sich dort rasch den Magen zu füllen.

Das gilt besonders für die typischste Art amerikanischer Lokale, die »fast food«-Filialen von McDonalds und ähnlichen Ketten, also Imbißstuben oder Schnellgaststätten. Zu ihrem Vorteil läßt sich sagen, daß sie alle freundlich und sauber sind, auch die Toiletten. Die Auswahl der Gerichte beschränkt sich auf verschiedene Hamburger-Arten, Hähnchen, Hot dogs usw.; Alkohol wird nicht ausgeschenkt, die Preise sind relativ niedrig. Hat man nicht alles aufgegessen, ist es durchaus üblich – auch in anspruchsvollen Lokalen –, sich ein »dogie bag«, eine Hundetüte, geben zu lassen und die Reste einzupacken. Auch kann man sich oft die Kühltasche mit Eiswürfeln füllen lassen – kostenlos!

Wer es ganz bequem und schnell haben möchte, kann an einem Autoschalter vorfahren, den viele dieser »fast food«-Filialen haben. Man gibt an einer Tafel, auf der die Gerichte und Getränke samt den Preisen verzeichnet sind, per Mikrofon seine Bestellung auf und kann sie ein paar Meter weiter, in einer Tüte verpackt, entgegennehmen und bezahlen. Was das soll, ist allerdings nicht so recht klar, denn wer schon einmal versucht hat, einen doppelstöckigen Hamburger mit herunterfallenden Gurkenscheiben, Saltblättern, Zwiebelringen und tropfender Majonnaise oder Ketchup im Auto zu essen, wird es bestimmt nicht wiederholen wollen.

Selbstversorger haben die besten Einkaufsmöglichkeiten in den Supermärkten, die sich zahlreich an den Ausfallstraßen am Stadtrand finden. Die Auswahl ist groß, wenn auch teilweise völlig anders als bei uns. Von einigen Ausnahmen abgesehen wird man mehr bezahlen als bei uns, selbst wenn der Dollarkurs bei zwei Mark steht. Viele Lebensmittel kosten so viel in Dollar wie bei uns in Mark.

Eine Anpassung der Mahlzeiten an das Angebot ist insofern ratsam, als Freunde des bei uns üblichen Abendessens mit belegten Broten in Amerika wenig Freude haben werden. Es gibt fast nur Toastbrot, das erst geröstet halbwegs genießbar wird. Das Angebot an Wurstwaren beschränkt sich meist auf Fleischwurst (bolony) oder Salami; als Käse gibt es vorwiegend diverse Scheibletten und verschiedene Streichkäse einschließlich des dort beliebten cheddar cheese. Alles in allem also kein reiner Gaumenschmaus.

Außerordentlich vielfältig ist hingegen das Angebot an »cereals«, aufbereiteten Getreideflocken unterschiedlichster Geschmacksrichtung. Bei uns sind vor allem Corn-flakes bekannt geworden. Diese cereals sind für ein Frühstück bestens geeignet. Bekommt man wegen der ballaststoffarmen amerikanischen Ernährung Verdauungsprobleme, sind cereals mit »bran« (Weizenkleie) ratsam.

Auch ohne »jet lag« ist die menschliche Leistungsfähigkeit im Tagesverlauf sehr unterschiedlich. Wie die Grafik erkennen läßt, wird am Nachmittag und in den frühen Morgenstunden ein Tiefpunkt erreicht, während Höhepunkte am Vormittag und am Abend eintreten.

Man wird also am besten reichhaltig mit cereals, Eiern usw. frühstükken, mittags nur eine Kleinigkeit essen und sich abends dann die Hauptmahlzeit bereiten, wie es ohnehin auf längeren Fahrten sinnvoll ist.

Fleisch gibt es in allen Variationen und relativ preiswert, insbesondere Rindfleisch. Es ist anders geschnitten als bei uns; das berühmte T-bone-Steak entspricht im Zuschnitt einem Hammelkotelett, hat aber gigantische Dimensionen. Besonders preiswert sind Bratenmett (ground beef), Geflügel und Innereien wie Leber und Nieren.

Lobenswert, wenn auch teurer als hier, sind die zahlreichen frischen Gemüse- und Salatsorten und das Obst. Es gibt keine fertig abgepackten Gebinde oder eine Verkäuferin, die versucht, auch minderwertige Stücke einem Kunden unterzujubeln, sondern man wählt sich jedes Stück selbst aus, packt es in eine Plastiktüte und bezahlt alles mit den anderen Waren zusammen an der Kasse.

Milch ist etwas teurer als bei uns; da es keine H-Milch gibt, sollte man sie vor allem in warmen Gegenden täglich frisch kaufen. Butter ist leicht gesalzen, was der Haltbarkeit zugute kommt.

Schlecht bestellt ist es mit Getränken, sofern man kein Freund süßer »soft drinks«, wie Cola, ist. Minderalwasser ist, wenn erhältlich, viel teurer, Bier ist besser als sein Ruf, aber ebenfalls viel teurer, stärkerer Alkohol ist in Supermärkten überhaupt nicht erhältlich. Zu allem Übel ist Leitungswasser oft mit Chlor oder anderen Desinfektionsmitteln versetzt.

Das alles mag sich ja recht gemischt lesen, aber es gibt auch angenehme Dinge zu berichten. So kennt man etwa kein Ladenschluß-Gesetz. Bis gegen 21 Uhr haben alle Supermärkte auf, manche sogar an Sonntagen (nicht in Kanada), viele rund um die Uhr.

Wenn man an der Kasse bezahlt und sich gewundert hat, daß auf die Nettopreise meist noch eine Verkaufssteuer von ca. 5 Prozent erhoben wird, folgt als Ausgleich eine angenehme Überraschung. Um das Einpakken kümmert sich Personal; hat man viel gekauft, erhält man eine Nummer, fährt mit dem Auto zur Warenausgabe und erhält dort gegen die Nummer die Tüte mit den gekauften Lebensmitteln.

Ob Alkohol für das Wohlbefinden erforderlich ist, sei dahingestellt. In den USA und in Kanada muß man jedenfalls erst einen »liquor shop« aufsuchen, um ihn kaufen zu können. In den USA ist das noch leichter und auch billiger als in Kanada.

Wie bereits an anderer Stelle in diesem Buch festgestellt wurde, können zwei Personen für Camping-Platz-Gebühren und Verpflegung mit 30 Dollar pro Tag ganz gut auskommen. Wer aber von Motel zu Motel, von Restaurant zu Restaurant reist, wird selbst dann, wenn er halbwegs kostenbewußt lebt, kaum unter 70 Dollar am Tag auskommen. Selbstversorgung lohnt sich also durchaus, abgesehen davon, daß ein solches freies Camping-Leben viel mehr Spaß macht.

Alles, was bisher in diesem Kapitel gesagt wurde, gilt für die USA und Kanada, für Mexiko aber nur mit großen Einschränkungen. Wohl wird Mexiko jährlich von mehr als drei Millionen amerikanischen Touristen überflutet, und an den Durchgangsstraßen haben sich Preise und Gebräuche demzufolge schon stark amerikanisiert, aber im Hinterland hat sich ein sehr eigenständiger Nationalcharakter erhalten, der eher an Südeuropa als an das nördlichere Amerika erinnert. Wegen dieser Eigenständigkeit müßte Mexiko allein zumindest der gleiche Platz in diesem Buch eingeräumt werden wie den USA und Kanada, was aber schon deswegen nicht sinnvoll ist, weil erfahrungsgemäß die meisten Amerika-Reisenden sich auf einen relativ kurzen Mexiko-Abstecher beschränken.

Richtig mag das nicht sein, aber diese Beschränkung wird meist durch die verfügbare Reisezeit, zuweilen durch das Verbot, mit Mietfahrzeugen einzureisen und nicht zuletzt durch die Sprachschwierigkeiten begründet. An anderer Stelle in diesem Buch wird die Route einer interessanten Mexiko-Rundreise beschrieben. Wenn Sie sich für mehr Details interessieren, sollten Sie sich zusätzlich durch die im Anhang genannte Spezial-Literatur informieren.

Mexiko hat viel zu bieten, nicht nur eine frühere und konsequentere Besiedlung durch Europäer und eine enge Vermischung zwischen den Ureinwohnern und den Einwanderern, sondern vor allem auch eine vorkolumbianische Kultur, die etwa mit jener der Ägypter auf eine Stufe gestellt wird und für die es im nördlicheren Amerika nichts Vergleichbares gibt. Wenn Mexiko in diesem Kapitel also etwas zu kurz kommt, dann nicht, weil es weniger interessant wäre, sondern nur, weil seine Verschiedenartigkeit von den nördlicheren Ländern des Kontinents eine vergleichsweise ausführliche Würdigung nicht zuläßt.

Wer in Nordamerika motorisiert preiswert reisen will, aber weder ein Wohnmobil hat noch sich mit kargem Zelt-Komfort begnügen will, ist also auf die »cabins« oder Motels angewiesen. Die »cabins« kosten etwa ebensoviel wie ein Motel und sind an sich wegen der besseren Möglichkeiten der Selbstversorgung vorzuziehen. Leider aber finden sie sich fast nur in Ausflugsgebieten. Wie kann man sich behelfen?

Ich habe in meinem Handgepäck für solche Fälle stets einen Trangia-Spirituskocher mit drei Töpfen, Kessel und keiner Teflon-Pfanne dabei, der zusammengestellt und ineinandergesetzt nur sehr wenig Platz einnimmt. Wohl ist es nicht erlaubt, in Motels zu kochen, aber es ist auch nicht zu überprüfen oder zu kontrollieren...

Mit einem Spirituskocher kann man keinen großen Kochaufwand betreiben, aber doch Konservenbüchsen erwärmen, Suppe kochen, Eier braten und dergleichen mehr. Das wird in den meisten Fällen genügen.

Ein Problem ergibt sich in der Beschaffung von Spiritus, denn Spirituskocher sind in Noramerika unbekannt. Das Wörterbuch nennt »spirit« oder »methylated spirit«, womit freilich niemand etwas anfangen kann. In einschlägigen Freizeit- oder Camping-Fachgeschäften ist man jedenfalls hilflos.

Das Problem läßt sich sehr einfach lösen, wenn man in einem drugstore nach »methyl hydrate« fragt, das zur Farbverdünnung oder zur Reinigung verwendet wird und nichts anderes ist als unser Spiritus, also fast reiner, vergällter Alkohol. Mit Benzin- oder Petroleum-Kochern sollte man jedenfalls in geschlossenen Räumen sehr vorsichtig sein und sie am besten überhaupt nicht benutzen, da sie im Gegensatz zum Spiritus nicht völlig rückstandsfrei verbrennen.

Der Spirituskocher ermöglicht es auch, jederzeit unterwegs an einem der zahlreichen und meist an landschaftlich besonders reizvollen Stellen angelegten Rastplätzen Station zu machen und an einer der dort üblichen Tisch-/Bank-Kombinationen eine kleine Mahlzeit zuzubereiten. Wasser sollte man dafür allerdings dabei haben. Wenn man sich das Frühstück im Motelzimmer mit Hilfe des Spirituskochers zubereitet und an einem Rastplatz ein leichtes Mittagessen einnimmt, ist nur noch für die Hauptmahlzeit am Abend ein größerer Aufwand zu betreiben.

Wer keinen Spirituskocher mitgebracht hat, kann sich durch kleine Dosen behelfen, die unter der Bezeichnung »sterno« in Campinggeschäften angeboten werden und mit einem festen Brennstoff gefüllt sind, der ähnliche Eigenschaften wie Spiritus hat.

1.11 Auf den Straßen unterwegs

Glücklicherweise herrscht in ganz Nordamerika Rechtsverkehr, auch in Kanada. Das ist so selbstverständlich nicht, gibt es doch in vielen ehemaligen britischen Kolonien auch heute noch Linksverkehr. Die enge Verflechtung mit den USA hätte allerdings ein derart abweichendes Verkehrssystem kaum zugelassen.

Kanada ist sogar insofern fortschrittlicher als die USA, als die Umstellung auf das metrische System bereits recht weitgehend erfolgt ist, auch was den Verkehr anbelangt (Liter statt Gallons, Kilometer statt Meilen).

Der Fahrzeug-Verkehr folgt im Prinzip den gleichen Spielregeln wie in Europa. Es ist sogar angenehmer und einfacher, in Nordamerika mit einem motorisierten Fahrzeug zu reisen als bei uns. Das hat mancherlei Gründe. Der wohl wichtigste Grund ist die geringe Verkehrsdichte. In Deutschland gibt es pro Quadratkilometer etwa 100 Pkw, in den USA und in Mexiko nur 10 und in Kanada rein rechnerisch nur einen. Das ist allerdings ein theoretischer Wert, weil der größte Teil von Kanada nicht durch Straßen erschlossen ist und der Verkehr sich auf den Rest konzentriert.

Natürlich gibt es im Einzugsgebiet der Großstädte zu den Stoßzeiten

Hinweise auf Motels oder Campingplätze sind oft recht originell.

Auch bei Nacht sind Motels leicht zu finden; ein Leuchtschild „Vacancy" läßt erkennen, daß hier noch Zimmer frei sind.

Den Wagen kann man direkt vor dem Motel-Zimmer parken. In vielen US-Staaten gibt es übrigens nur an der Wagen-Rückseite ein Nummernschild.

In abgelegeneren Gegenden sind „cabins“ eine interessante Alternative zu Motels.
Es gibt sie in einfacher und in . . .
. . . luxuriöser Ausführung und meist mit eingerichteter Küche.

Die Abfallbeseitigung in der Nähe von Campingplätzen oder cabins erfolgt in Tonnen, die in einem Drahtgehege stehen, damit sie nicht von Bären durchwühlt werden!

Wenn einer der gelben Schulbusse hält und das Blinklicht einschaltet, muß der Verkehr in beiden Fahrtrichtungen anhalten.

Die Autokennzeichen werden von den US-Staaten individuell gestaltet. ▷

Unten links: Typische US-amerikanische Straßen-Hinweisschilder. – Rechts: Gelbe Schilder sind Hinweise.

Die Amerikaner sind stolz auf ihre kurze Geschichte. Das Gemälde, das einen Indianerüberfall auf eine Pionierfamilie zeigt, ist ein beliebtes Postkartenmotiv.

Selbst historische Kriminelle werden heute glorifiziert.

Typisch Amerika! Links: Nach einer höflichen Einleitung kommen Verbote, wohl viel seltener als bei uns, aber ihre Befolgung wird konsequent kontrolliert. Rechts: Um der vor allem in den Städten wachsenden Kriminalität zu begegnen, haben sich die Bürger organisiert und leisten sich gegenseitige Nachbarschaftshilfe.

Zielgerade der „Traumstraße der Welt“, der Panamericana, in Alaska.

Jagen und angeln kann man auf die konventionelle Art, also mit der Flinte Gänse schießen oder . . .

. . . mit der Angelrute Salmoniden fischen. Man kann aber auch . . .

. . . mit dem Bogen Kleinwild oc auch . . .

. . . größeres Wild (hier ein Schwarzbär) erlegen.

Pilze werden in Amerika wenig geschätzt, obwohl sie teilweise in unvorstellbaren Mengen vorkommen und weitgehend unseren Wildpilzen entsprechen. Lieber essen die Amerikaner Zuchtchampignons aus der Dose!

eine ähnliche Auto-Konzentration wie bei uns, aber selbst die wichtigen Fernstraßen sind im Vergleich mit unseren Autobahnen wenig befahren.

Die Höchstgeschwindigkeit in den USA beträgt 55 Meilen, also 88 km/h. In Kanada sind es 90 km/h, in Mexiko meist 100 km/h. Das erscheint uns zunächst außerordentlich langsam und lästig zu sein. Die Urlaubsmentalität und das Beispiel der anderen Verkehrsteilnehmer führt aber rasch dazu, daß man sich anpaßt. Das ist auch ratsam, denn die Kontrolle erfolgt durch eine Radarpistole, deren Genauigkeit nicht sonderlich groß ist und die auch kein Foto als Nachweis liefert. Jeder gut verborgene »officer« kann also Schnellfahrer zur Strecke bringen und anschließend kräftig zur Kasse bitten.

Wenn Sie es eilig haben, können Sie sich an einen der großen Lkw anhängen. Die Lkw-Fahrer sind oft selbständige Unternehmer, oder sie fahren im Akkord, sind also immer in Eile. Durch CB-Funk, mit dem sie ausnahmslos ausgerüstet sind, warnen sie sich untereinander vor Radarfallen. Deshalb, und auch, weil die amerikanischen Lkw sehr kräftig motorisiert sind, gehören sie auf amerikanischen Straßen zu den schnellsten Verkehrsteilnehmern und ziehen oft eine ganze Schleppe von Pkw hinter sich her.

Den US-Amerikanern und den Kanadiern ist im Auto jede Hektik fremd. Sie rollen ruhig und gelassen im Verkehr dahin und sind bemerkenswert rücksichtsvoll. Das gilt insbesondere gegenüber Fußgängern, die von Autofahrern fast wie hilflose Kleinkinder behandelt werden. Lediglich in Mexiko muß man mit einer temperamentvolleren Fahrweise rechnen, aber auch dort wirkt der Verkehr auf uns Kummer gewöhnte Europäer längst nicht so chaotisch wie auf die US-Amerikaner, die dort in Scharen herumreisen.

Obwohl die Unterschiede im Straßenverkehr relativ gering sind, muß man die abweichenden Spielregeln natürlich kennen. Die wohl wichtigste lautet »keep your lane«. Es herrscht kein konsequentes Rechtsfahr-Gebot wie bei uns, was auch der Grund dafür ist, daß amerikanische Touristen gelegentlich auf unseren Autobahnen, gemütlich dahinrollend, die Überholspur blockieren, obwohl die rechte Fahrbahn frei ist. Sie sind es eben von zu Hause her so gewöhnt, denn dort bleibt man grundsätzlich in seiner Spur und kann also auch rechts überholen, was bei uns streng verboten ist. Jeder Spurwechsel aber ist deshalb riskant; wenn es dabei kracht, ist der die Spur wechselnde Fahrer schuldig.

Nicht immer ist an Kreuzungen die Vorfahrt geregelt. Es kann sein, daß es überhaupt keine entsprechenden Schilder gibt, oder aber es gibt an jeder Einmündung in die Kreuzung ein Schild, das dazu auffordert, die Vorfahrt zu beachten. An solchen gleichberechtigten Kreuzungen darf jenes Auto zuerst fahren, das zuerst dort angekommen ist. In Zweifelsfällen ist man betont höflich, verständigt sich durch Handzeichen und läßt lieber dem Partner im Straßenverkehr die Vorfahrt, als sich selbst durchsetzen zu wollen.

Ungewohnt ist es für uns auch, daß die Ampeln jenseits der Kreuzungen stehen. Wer also bis zur Ampel fährt, wie er das von hier gewöhnt ist, um sich erst dann zu orientieren, der ist schon voll in die Kreuzung eingefahren. Das kann, wenn man nicht darauf achtet, vor allem bei Dunkelheit leicht geschehen.

Wenn einer der unübersehbaren gelben Schulbusse hält und seine Blinkanlage eingeschaltet ist, darf er nicht überholt werden. Auch der Gegenverkehr aber muß halten, und das ist etwas, woran man sich erst gewöhnen muß, weil wir üblicherweise dem Verkehrsgeschehen auf der anderen Straßenseite keine Beachtung schenken. Weiße Schilder mit schwarzer Schrift sind verpflichtende Gebots- oder Verbots-Schilder, die befolgt werden müssen. Gelbe Schilder mit schwarzer Schrift hingegen sind Empfehlungen, die beachtet werden sollten. Ein schönes Beispiel dafür ist das abgebildete Schild, das auf »kreuzende Enten« hinweist.

Statt eines Symbols gibt es oft nur eine lapidare Anweisung auf weißem Grund, etwa »Yield« (Vorfahrt beachten) oder »ped X-ing« (pedestrians crossing = Fußgänger-Überweg) oder (ausführlicher) »no right turn on red«; das bedeutet, daß man bei roter Ampel nicht nach rechts abbiegen darf, was ansonsten unter Beachtung des bevorrechtigten Kreuzungs-Verkehrs erlaubt ist.

In Städten herrscht eine ebenso große Parkplatznot wie bei uns. Wenn Sie nun so glücklich sind, am Straßenrand zwischen den dort geparkten Autos eine Lücke zu erspähen, dann vergewissern Sie sich zunächst einmal, daß dort der Bordstein nicht gelb oder gar rot gestrichen ist, bevor Sie parken. Gelb bedeutet ein Parkverbot, rot ein absolutes Halteverbot (dort befindet sich ein Feuerhydrant oder eine Ausfahrt).

Die Straßen in den USA und in Kanada sind meist vorzüglich ausgebaut. In Mexiko gilt das mit Einschränkungen zumindest für die Fernstraßen. Etwa ein Viertel des 200000 Kilometer langen mexikanischen Straßennetzes ist asphaltiert.

Nicht asphaltierte Naturstraßen (gravel roads, dirt roads) auf Nebenstrecken oder in entlegenen Gegenden gibt es nicht nur in Mexiko, sondern auch in den USA und in Kanada. Normalerweise sind sie dennoch gut befahrbar, allerdings ist es bei Trockenheit dort sehr staubig und bei Regen rutschig. Auch ist die Gefahr relativ groß, daß durch Steine, die von überholenden oder entgegenkommenden Fahrzeugen hochgewirbelt werden, Windschutzscheibe oder Scheinwerfer zerschlagen werden. Insbesondere der berühmte Alaska Highway war dafür berüchtigt, aber auch er wird immer mehr asphaltiert.

Die Fernstraßen heißen »highway«, wobei der Name nicht unbedingt auch etwas über den Ausbau-Zustand aussagt, wie der Alaska Highway beweist. Ein Interstate Highway durchquert mehrere Staaten und ist mit unseren Autobahnen vergleichbar.

Allein in Mexiko gibt es rund 1500 Kilomter gebührenpflichtige Autobahnen, aber auch in den USA gibt es solche »turnpikes« oder »tollroads«. Während in Mexiko Alternativ-Strecken nicht immer gut sind, kann man in den USA die gebührenpflichtigen Strecken guten Gewissens umfahren.

In den USA ist die Numerierung der Interstates streng logisch. Es wird unterschieden zwischen Interstates, die von Westen nach Osten, und solchen, die von Norden nach Süden verlaufen. Die Nummern der großen Interstates sind ein- oder zweistellig. Ist die Nummer gerade, handelte es sich um eine Ost-West-Straße; ist sie ungerade, führt sie von Nord nach Süd. Bei Interstates mit dreistelligen Nummern, die man in Stadtnähe findet, ist die erste Ziffer maßgebend. Ist sie gerade, handelt es sich um eine Stadtumgehung; ist sie ungerade, führt sie in die Stadt. Oft führen Straßen streckenweise mehrere Nummern, bevor sie sich wieder verzweigen. Wichtig ist, daß man sich die Himmelsrichtung merkt, in die man fahren will, denn diese wird bei Abzweigungen meistens angegeben.

Tankstellen gibt es auch in abgelegenen Gegenden reichlich – schließlich wollen die gerade dort häufigen, durstigen Pick-ups getränkt werden. Weil es in Amerika seit rund zehn Jahren Katalysator-Autos gibt, ist bleifreies Benzin überall zu finden. Da bleifreies Benzin (unleaded) aber teurer ist als bleihaltiges (leaded), das wegen der älteren Autos noch allenthalben angeboten wird, tanken manche Besitzer von Katalysator-Autos entgegen den Vorschriften bleihaltig. Dazu müssen sie einen Trichter benutzen, da Zapfhahn und Einfüllstutzen für bleifreien Betrieb kleiner sind, um solche Manipulationen zu erschweren. Natürlich wird bei bleihaltigem Benzin bald der Katalysator wirkungslos, aber das hat lediglich Auswirkungen auf die Abgase, nicht auf die Betriebsfähigkeit.

Selbstverständlich kann man auch an Tankstellen mit Kreditkarte bezahlen, aber es ist oft etwas billiger, wenn man bar oder mit Reise-

Schecks bezahlt, weil ja die Tankstellen von jeder Kreditkarten-Rechnung einen bestimmten Prozentsatz an die entsprechende Kreditkarten-Organisation abführen müssen. In der Nähe von Großstädten, vor allem nachts, kann man zuweilen nur mit Kreditkarte oder abgezähltem Geld bezahlen, das dann gleich in einen Tresor wandert, so daß es keinen Anlaß gibt, den Tankwart zu überfallen. Gelegentlich muß man auch vorausbezahlen, insbesondere an preisgünstigen Großtankstellen mit viel Betrieb. Dazu muß man natürlich wissen, wieviel Liter der Tank schluckt.

Auch in Nordamerika gibt es häufig Selbstbedienungs-Tankstellen. Zu beachten ist dort, daß man vor dem Tanken einen Hebel von der Stellung »off« auf »on« stellen muß.

Was man an amerikanischen Tankstellen vermißt, ist destilliertes Wasser für die Batterie und Druckluft für die Reifen. Statt destilliertem Wasser nehmen die Amerikaner einfach Leitungswasser. Druckluft ist wohl an einigen – längst nicht an allen – Tankstellen vorhanden, aber an den Schläuchen fehlt ein Manometer. Man muß sich also einen kaufen, um mit dem richtigen Reifendruck fahren zu können. Die Manometer sind in PSI (pound/square inch) geeicht. Eine Atmosphäre entspricht 14,7 PSI, zwei atü sind also 29,4 PSI. In den USA ist es in den meisten Staaten verboten, gefüllte Reservekanister im Wagen mitzuführen; in Kanada müssen Reservekanister rot lackiert sein.

So viel zu den Spielregeln im Straßenverkehr. Zwei Punkte, die nur beiläufig damit zu tun haben, sollten aber noch erwähnt werden.

Alkohol darf in der Öffentlichkeit nicht getrunken werden, es sei denn, man tarnt die Dose oder Flasche durch eine darum herumgewickelte Papiertüte. Dieses Verbot gilt ganz besonders für die Insassen eines Autos! In manchen Staaten ist es sogar verboten, eine angebrochene Flasche oder Bierbüchse im Auto mitzuführen, auch wenn man sie gar nicht im Auto angebrochen hat oder trinken will. In manche Staaten darf man nur eine begrenzte Menge oder gar keinen Alkohol einführen, was indes praktisch nicht kontrollierbar ist.

Wer bei uns einen Druck auf die Blase verspürt und männlichen Geschlechts ist, hält, wenn keine Toilette in der Nähe ist, einfach irgendwo am Straßenrand an und geht ein paar Meter abseits, um sich zu erleichtern. Oft bemüht er sich nicht einmal sonderlich, sich so weit zu entfernen oder zu verbergen, daß er nicht von vorbeifahrenden Autos zu sehen ist, sondern begnügt sich damit, diesen seinen Rücken zuzukehren. Der rückwärtige Anblick von Männern in der typischen Haltung ist nicht gerade selten – bei uns.

Ob das so ganz die feine Art ist, sei hier nicht diskutiert. Bei uns aber wird die Reaktion allenfalls ein irritiertes oder mißbilligendes Stirnrunzeln sein.

In Amerika ist man da sehr viel empfindlicher und prüder. Wenn ein Mann in der entsprechenden Haltung gesehen wird, gilt er gleich als notorischer Exhibitionist, wird angezeigt oder gar handgreiflich über die guten Sitten belehrt. Amerikanische Touristen, die Europa bereist haben, zeigen sich immer wieder entsetzt über unsere lockeren Sitten und haben dafür überhaupt kein Verständnis. Man sollte sich also zumindest als Gast in Amerika der dortigen Auffassung anpassen – im eigenen Interesse. Es gibt entlang der Autostraßen genug Gelegenheiten, sich in bestens gepflegten und sauberen Toiletten zu erleichtern.

1.12 Historisches – wie Amerika erschlossen wurde

Es ist der Kummer der US-Amerikaner, daß ihre historische Vergangenheit nicht einmal 400 Jahre zurückreicht. Kolumbus hat die Neue Welt 1492 entdeckt – am 12. Oktober. Dieser Tag wird in den USA noch heute als Columbus Day gefeiert, allerdings nicht präzise am 12. Oktober, sondern am zweiten Montag im Oktober.

Kolumbus lief die Karibik an. Von dort aus haben sich dann die Spanier ausgebreitet und sind nördlich bis weit über Mexiko hinaus auf das Gebiet der heutigen USA vorgestoßen.

Die Geschichte der USA wird meist mit der Ankunft der Pilgerväter in ihrer »Mayflower« am 16.9.1620 gleichgesetzt, obwohl es schon zuvor Ansiedlungen gab. Während sich die Engländer auf die Mitte des nordamerikanischen Kontinents konzentrierten, kamen die Spanier und später die Franzosen von Süden. Beide hatten zunächst bessere Chancen, Nordamerika zu »ihrem« Land zu machen als die Engländer, vor allem die Franzosen.

Bereits kurz nach dem Beginn des 16. Jahrhunderts drangen die Franzosen auch im Norden vor, über den St. Lorenz-Strom. Gleichzeitig oder kurz darauf gründeten sie eine blühende Kolonie in Louisiana. Als im Norden, also im heutigen Kanada, der Mississippi erreicht war, konnten sie auf diesem bequemen Verkehrsweg ihre beiden Kolonien miteinander verbinden und die Engländer im Osten nach Westen hin abriegeln.

Im Osten saßen also die Engländer, im Südosten und Nordosten die Franzosen, im Südwesten die Spanier und ganz oben im Norden des Kontinents, in Alaska, die Russen.

Es kam zum Krieg zwischen England und Frankreich in Amerika; dieser amerikanische »Siebenjährige Krieg« (gleichzeitig gab es ja auch in Europa einen Siebenjährigen Krieg zwischen Österreich und den meisten kontinentaleuropäischen Nationen) wurde von England gewonnen. Als Folge davon wurden die französischen Besitzungen, also Kanada und die Gebiete östlich des Mississippi, englisch. Während die Sprache und die französischen Sitten im amerikanischen Südosten weitgehend verschwanden, haben sich beide im heutigen kanadischen Quebec hartnäckig gehalten. Offiziell ist Kanada deshalb heute zweisprachig, obwohl kaum ein Kanadier außerhalb von Quebec französisch spricht.

Die französischen Besitzungen westlich des Mississippi waren kurz vor Kriegsende von Frankreich an Spanien übertragen worden, wohl um zu verhindern, daß auch sie eine Beute der Sieger würden. Napoleon erwarb dieses Gebiet 1800 von den Spaniern zurück, vergab aber endgültig die Chance eines französischen Anspruchs auf einen Teil des amerikanischen Kontinents, indem er es drei Jahre später an die – USA verkaufte.

Mittlerweile hatte es nämlich als Folge der amerikanischen Unabhängigkeitserklärung vom 4.7. (Nationalfeiertag der USA) 1776 den Unabhängigkeitskrieg zwischen Amerika und England gegeben, den die Amerikaner gewonnen hatten. Es gab also jetzt die Nation USA, wenn auch nur auf einem relativ kleinen Gebiet im Osten des Kontinents. Durch den Kauf der französischen Gebiete für 15 Millionen Dollar konnten die USA ihr Staatsgebiet verdoppeln.

Die von Frankreich ausgehende Unabhängigkeits-Bewegung hatte sich auf dem amerikanischen Kontinent nicht nur gegen die Engländer gerichtet, sondern auch gegen die Spanier. Mexiko war durch Lösung von Spanien 1822 entstanden; zuvor hatten die Amerikaner von Spanien bereits Florida kassiert. Zunächst war Mexiko eine Monarchie unter einem Kaiser, aber dann gab es 50 Jahre lang Machtkämpfe in Mexiko samt einem französisch inspirierten Interregnum, so daß sich 1835 die angelsächsischen Siedler im mexikanischen Texas ohne allzu großen Widerstand von Mexiko lösen konnten. Erst als die USA 1845 Texas annektierten, kam es zum Krieg mit Mexiko, als dessen Folge Mexiko auf seine riesigen Gebiete nördlich des Rio Grande verzichten mußte. Später kauften die USA von Mexiko noch für 10 Millionen Dollar das verhältnismäßig kleine Gebiet südlich des Gila.

Gekauft haben die USA auch das riesige Alaska, und zwar 1867 von den Russen! Dieser Kauf war wirklich von weitreichender historischer Bedeutung, würden doch sonst die Russen bereits in der amerikanischen Hintertür stehen. Der Kaufpreis für Alaska betrug übrigens 7,2 Millionen Dollar.

Nun hätten die jungen USA über das gesamte Gebiet zwischen Mexiko und dem Norden des Kontinents verfügen können, wäre da nicht ärgerlicherweise das noch immer englische Kanada gewesen. Bereits 1775 hatten die Amerikaner – damals ja noch keine eigene Nation – einen Einfall in Kanada versucht, der jedoch gescheitert war. Noch einmal wurde dieser Versuch wiederholt, in den Jahren 1812 bis 1814, blieb aber ebenso erfolglos. Nach Streitigkeiten um den Verlauf der Grenze zwischen den USA und Kanada arrangierte man sich schließlich, wobei die USA mit ihrem im Norden gelegenen Alaska recht isoliert waren.

Am 1.7. (Nationalfeiertag in Kanada) 1867 wurde das »Dominion of Canada« gegründet, danach löste sich Kanada immer mehr vom englischen Mutterland bis zur heutigen, allenfalls noch nominellen Bindung.

Kanada kann die Geschichte der Einwanderung von Europäern ungleich weiter zurückverfolgen als die US-Amerikaner oder auch die Bewohner der Karibik mit der Ankunft von Kolumbus, genauer gesagt sogar etwa doppelt so lange. Lange schon hatte man vermutet, daß das »Vinland« der nordischen Sagas, das die Wikinger erreicht und beschrieben hatten, nur an der amerikanischen Ostküste liegen konnte. Nach vielen vergeblichen Versuchen wurden schließlich die Reste der alten Wikinger-Siedlung Leifbudir entdeckt – im heutigen Newfoundland, bei L'anse aux Meadow. Diese Gründung von Leif Eriksson hat eine ganze Zeit bestanden und wurde erst unhaltbar, als die »Skraelinger« – Indianer oder Eskimos – immer feindseliger wurden. Durch Funde ist die Geschichte von Leifbudir recht genau zu rekonstruieren und untermauert den kanadischen Anspruch, als erstes Land der Neuen Welt von Europäern besiedelt worden zu sein. Es ist gar nicht auszudenken, welche Entwicklung die Weltgeschichte genommen hätte, wenn die Wikinger bis zu den Hochkulturen im Süden des Kontinents vorgedrungen wären und diese durch das Rad, Eisen und ihre Haustierhaltung befruchtet hätten! Das aber sollte nicht sein – die Wikinger verschwanden wieder aus Nordamerika und kamen lediglich zu kurzen Besuchen zurück, um dort das für sie so wertvolle Holz zu holen.

Mexiko hat wohl die Europäer erst viel später kennengelernt, aber eine noch viel eindrucksvollere Geschichte, die zudem echte Nationalgeschichte ist, weil die Bevölkerung sich eng mit den Ureinwohnern vermischt hat und als deren Erbe gelten kann. Jawohl, es geht um die Azteken und Maya mit ihrer sehr hohen Kultur und ihren so eindrucksvollen Steinbauten, aber ohne Kenntnisse von Rad oder Eisen. Vielleicht ist doch einmal ein Wikinger in diese Gegend vorgestoßen, denn die aztekischen Sagen berichten von einem Gott Quetzalcoatl, der weißhäutig und bärtig war und mit dem Versprechen verschwand, er würde wiederkommen. Die Azteken hielten Cortez und seine wenigen Krieger bei deren Ankunft für den verheißenen Quetzalcoatl und leisteten ihm deshalb einen relativ geringen Widerstand, so daß Cortez trotz seiner Unterlegenheit das große Land erobern konnte.

Nur die US-Amerikaner gehen leer aus. Sie können sich nicht auf alte Hochkulturen berufen, denn da wäre allenfalls die bescheidene Pueblo-Kultur im Süden zu nennen. Auch sind die wenigen überlebenden Indianer kaum in der amerikanischen Bevölkerung aufgegangen. Vermutlich begründet dieser Mangel an eigener Geschichte das große Interesse, das die US-Amerikaner unseren europäischen Geschichtsdenkmälern entgegenbringen, wobei hinzukommt, daß Europa das Land ihrer Ahnen ist.

Von wenigen Ausnahmen abgesehen wurde der nordamerikanische Kontinent zunächst von der Europa näherliegenden Ostküste aus besiedelt; die Neuengland-Staaten zeigen auch heute noch den starken europäischen Einfluß. Dort aber gab es als Folge der schon damals recht dichten Besiedlung wenig Möglichkeiten für unternehmungslustige Menschen, zu Reichtum und Ansehen zu gelangen, während im Westen ungeheure Gebiete nur darauf warteten, in Besitz genommen zu werden. »Go west, young man« war der Rat, den man jungen Männern gab, und nach Westen zogen sie scharenweise, um dort ihr Glück zu suchen. Vor allem Bauern aus der Alten Welt waren es, die dort siedeln wollten. Unter dem homestead law durften sie sich 260 Morgen (160 acres) Land kostenlos aneignen. In gewaltigen Planenwagen – Prärieschonern – rollten sie in großen Trecks auf bestimmten Routen (Oregon Trail u. a.) nach Westen, bis sie passendes Land gefunden hatten. Dort und bereits unterwegs mußten sie sich der Angriffe von Indianern erwehren, die wenig Verständnis dafür hatten, daß der Weiße Mann ihnen ihr Land wegnahm. Da die Indianer meist in kleinen Stammesverbänden lebten und schlecht organisiert waren, kam es kaum zu einem ernsthaften Widerstand; die Geschichten über Indianerkämpfe sind meist übertrieben. Jedenfalls haben die Amerikaner mit den Indianern wenig Federlesens gemacht, Verträge nach Belieben geschlossen und gebrochen und die Indianer nach Kräften dezimiert.

Ganz anders verlief die Besiedlung in Kanada. Dort konzentrierte sich die Landwirtschaft lange Zeit auf den Osten, das kanadische Kernland Acadien, während Pelzhändler nach Westen vordrangen und mit den Indianern ihre Geschäfte machten. Das Verhältnis zu dem Geschäftspartner Indianer war zwangsläufig gut, und es hat in der kanadischen Geschichte kaum Gemetzel unter den Indianern gegeben. Als Kanada englisch wurde, ging auch der Pelzhandel an die Engländer – meist Schotten – über. Weiter im Norden war schon lange die Hudson Bay Company aktiv, später vereinigte sie sich mit der schottischen North West Company unter ihrem Namen. Die Prärien im mittleren Westen, die sich auf der US-amerikanischen wie auf der kanadischen Seite erstrecken und als eine der Kornkammern der Welt gelten, wurden erst später besiedelt.

Manche uns als typisch erscheinenden amerikanischen Gewohnheiten haben ihren Ursprung in den Pioniertagen, als die expandierende Nation nach Westen drängte. So etwa die bemerkenswerte Hilfsbereitschaft und Gastfreundschaft. Wer im Westen auf eine menschliche Ansiedlung stieß, durfte dort einen herzlichen Empfang erwarten und war auch darauf angewiesen. Als Gegenleistung konnte er berichten, was es draußen in der weiten Welt an Neuigkeiten gab.

Frauen waren im Westen Mangelware. Als Folge davon waren sie besonders geschätzt; es hat sich ein Ritual entwickelt, das den Frauen eine besonders bevorzugte gesellschaftliche und rechtliche Stellung einräumt. Verläßt eine Frau den Tisch, stehen sämtliche Männer auf; auch heute noch erwartet die Frau, nach der Heirat vom Mann versorgt zu werden und nicht mehr arbeiten zu müssen; kommt es zu einer Scheidung, kann sie viel größere Ansprüche stellen als bei uns.

Auch die besondere Unternehmungslust der Amerikaner und ihre Bereitschaft zu beruflichen oder privaten Risiken ist wohl auf das Erbe der Pioniere zurückzuführen. Es gibt erstaunlich viele Amerikaner, die nicht einmal eine Kranken- oder Altersversicherung haben, unbeschwert im Heute leben, sich voller Optimismus an ein ebenso gutes oder besseres Morgen bis über die Ohren verschulden.

Selbst die für uns Europäer immer wieder überraschende Zahl von Amerikanern, die mit Wohnwagen oder Wohnmobil durch das Land reist, erinnert uns an die Tradition der Planwagen, obwohl heute so manches viel leichter geworden ist. Ältere Amerikaner, die ihre Rente bekommen (oft viel weniger als bei uns) und der Sorge um ihre Kinder ledig sind, verkaufen ihr Häuschen und verbringen den Rest ihres Lebens in einem Wohnwagen, nomadisierend wie moderne Zigeuner.

Vermutlich läßt sich sogar die betont materialistische Einstellung der Amerikaner auf die Pioniertage zurückführen. In Ermangelung anderer Maßstäbe konnte man seinen Sozialstatus schon damals nur auf materiellen Reichtum gründen, auch wenn sich recht bald vor diesem Hintergrund bestimmte Familien etablierten und gesellschaftlichen Snobismus entwikkelten, der Außenstehende als nicht gleichrangig ausschloß.

Selbst die amerikanische Einstellung zu ihre Rolle in der Welt läßt sich von der Pionierzeit ableiten, denn man kannte eben keine anderen Nationen, denen eine ähnliche Rolle zuzubilligen war wie der eigenen, und die war schließlich aus Leuten entstanden, die Amerika ihrer ursprünglichen Heimat vorzogen!

1.13 Der »typische« Amerikaner

Damit es keine Mißverständnisse gibt, sei gleich vorausgeschickt, daß man von einem »typischen« Amerikaner noch viel weniger sprechen kann als von einem »typischen« Deutschen, und selbst einen »typischen« Deutschen können wir uns ja eigentlich kaum vorstellen. Dabei ist Deutschland relativ klein und über viele Jahrhunderte hinweg organisch gewachsen.

Amerika ist riesengroß und zum Schmelztiegel wohl aller Rassen und Nationen dieser Erde geworden. Dennoch wird das Brauchtum der Väter gepflegt; es gibt ethnische Gruppen mit ganz ausgeprägten Eigenarten, selbst wenn man einmal die Urbevölkerung – die Indianer – beiseite läßt.

Und schließlich geht es nicht nur um die US-Amerikaner, sondern auch um die Kanadier, die sich auf ihre angebliche Eigenständigkeit trotz aller Gemeinsamkeiten einiges zugute halten, und es gibt die Mexikaner, die sich von dem »typischen« Amerikaner ganz erheblich unterscheiden. Wie schon mehrfach zuvor werden wir uns also auf die US-Amerikaner konzentrieren müssen, wenn dieses Kapitel nicht den Rahmen des Buches sprengen soll.

Der oft zitierte »american way of life« unterscheidet sich in der Tat beträchtlich von dem, was wir als mitteleuropäischen Lebensstil kennen und gewohnt sind.

Ob die Lebenseinstellung wirklich materialistischer ist als bei uns, sei dahingestellt. Jedenfalls aber ist das Verhältnis der Amerikaner zum Geld sehr viel unbefangener als bei uns. Gehälter und Einkommen sind keine Tabus, im Gegenteil. Man spricht ganz bereitwillig darüber, was man verdient, und ist stolz darauf. Es soll sogar vorkommen, daß das Einkommen auf der Visitenkarte angegeben wird...

Demgegenüber ist die Hochachtung gegenüber akademischen Berufen oder Titeln viel geringer als bei uns. Ein »Doctor« ist ein Arzt, ein tüchtiger Fachmann zweifellos, den man dementsprechend gut bezahlt, wenn man seine Leistung beansprucht. Ansonsten wird von dem Doktortitel oder anderen akademischen Prädikaten kaum Gebrauch gemacht. Auch eine akademische Ausbildung ist eben nur einer von vielen Wegen, »Geld zu machen«, und ein Autoverkäufer oder Handwerker, der darin erfolgreicher ist, genießt dementsprechend auch ein höheres Ansehen.

Die hohe Bewertung des Materiellen führt dazu, daß Statussymbole aller Art noch mehr kultiviert werden als bei uns. Auch ist man für eine berufliche Verbesserung viel rascher zu einem Wechsel des Jobs und auch des Wohnorts bereit, und man ist viel weniger bereit, sich gegen alle nur denkbaren Unwägbarkeiten der Zukunft abzusichern. Amerikaner sollen – man kann es kaum glauben – im statistischen Durchschnitt alle sieben Jahre ihr Haus verkaufen, um sich ein neues zu kaufen!

Wohl nirgendwo sonst hätten sich Kreditkarten in ähnlicher Weise durchsetzen können wie in den USA. Dort ist es völlig selbstverständlich, daß man auf Kredit lebt und das Geld, das man morgen verdient, bereits heute ausgibt. Alles wird ganz selbstverständlich auf Kredit angeschafft, und wenn ein Kunde bar zahlen sollte, darf er vom verblüfften Verkäufer einen Rabatt erwarten. Selbst Lebensmittel, die es wegen der geringen Verdienstspanne auf Kreditkarten nicht gibt, bezahlt man oft mit Scheck, nicht mit Bargeld, und weist sich mit dem Führerschein aus, wenn man dem Personal nicht bekannt ist.

Amerikaner sind von einer spontanen, erfrischenden Freundlichkeit und Hilfsbereitschaft – man wird sofort warm mit ihnen. Ganz selbstverständlich geht man zum Vornamen über, eine Einladung ist rasch ausgesprochen und durchaus ernst gemeint. So rasch aber auch Freundschaften geschlossen werden, so oberflächlich bleiben sie in den meisten Fällen. Es scheint das Prinzip zu gelten »aus den Augen, aus dem Sinn«; wer amerikanischen Bekannten, mit denen er sich gut verstanden hat, schreibt, darf nicht unbedint mit einer Antwort rechnen. Ein Nachteil für Durchreisende ist diese Form der Freundlichkeit jedenfalls nicht, im Gegenteil, man belastet sich nicht mit zahllosen Verpflichtungen.

Ausländer gelten als besonders interessant, zumal dort, wo sie nur selten auftreten. Der »typische« Amerikaner ist ihnen gegenüber besonders aufgeschlossen und hilfsbereit. Man muß allerdings diese Haltung vor dem Hintergrund eines unbewußten, aber deshalb nicht weniger ausgeprägten Chauvinismus sehen.

Der US-Amerikaner ist völlig davon überzeugt, daß er in »god's own country« lebt und dieses gesegnete Land der Nabel der Welt ist. Mit verblüffender Selbstverständlichkeit hält er die eigenen Sitten, Gewohnheiten und Ansichten für die einzig richtigen und zweifelt keinen Moment daran, daß alle anderen Nationen und deren Bewohner freudig den gottgegebenen Führungsanspruch und die Überlegenheit Amerikas anerkennen. Großzügig, wie die Amerikaner zweifellos sind, wollen sie allen anderen Nationen dabei behilflich sein, den einzig richtigen, den »american way of life«, einzuschlagen.

So ausgeprägt ist der Glaube an die Überlegenheit der eigenen Lebensart, daß die Amerikaner es sich einfach nicht vorstellen können, wenn Angehörige anderer Nationen vielleicht nach ihrer eigenen Fasson selig werden möchten und die amerikanische Bevormundung ablehnen. Ausländer, die solche Ansichten äußern, halten die Amerikaner mit einer von keinerlei Zweifeln geplagten gütigen Herablassung für arme Irrende, denen man einfach auf den richtigen Weg helfen muß – natürlich den »american way of life«, was sonst.

Das alles liest sich vielleicht etwas kritisch, ist aber keineswegs abwertend gemeint. Die politische Perspektive dieser amerikanischen Einstellung soll ja nicht Gegenstand dieses Kapitels sein, sondern lediglich ihre Auswirkung auf den privaten Bereich. Und die ist für den Besucher aus dem Ausland jedenfalls positiv, wenn er nicht den Fehler begeht zu versuchen, Amerikanern in einer Diskussion abweichende Ansichten nahezubringen.

Deren Glaubensbekenntnis hat wirklich mit der Religion gemeinsam, daß es nicht Resultat kritischer Abwägung, sondern eine unerschütterliche Überzeugung ist. Wenn man von Kindesbeinen an zum Glauben an die Überlegenheit der eigenen Lebensweise indoktriniert wird, kann man sich Alternativen einfach nicht vorstellen. Deswegen mag die Einstellung der Amerikaner recht naiv sein, sie ist aber jedenfalls frei von bewußter Überheblichkeit oder gar Verachtung für andere Menschen. Etwas, woran man von ganzem Herzen glaubt, was man einfach »weiß«, kann jedoch nicht Gegenstand von kritischen Diskussionen sein!

Natürlich gibt es genug intellektuelle Amerikaner, die eine Diskussion als Selbstzweck schätzen. Manche stimmen sogar mit Ausländern überein, die sich über einige Auswüchse der »Cola- und Ketchup«-Generation amüsieren. Auch in ihnen aber ist der Glaube an die Überlegenheit der eigenen Lebensweise tief verwurzelt, und ihre Toleranzbereitschaft wirkt aufgesetzt, gewollt großzügig, als Demonstration des eigenen Liberalismus.

Kritisieren Sie also besser nichts in Amerika, auch wenn die Amerikaner selbst darüber schimpfen. Wenn man Sie fragt, wie Ihnen Amerika gefällt, dann ist man nicht an Ihrer wirklichen Meinung interessiert, sondern erwartet ganz selbstverständlich eine Lobeshymne, und da Amerikaner sehr zu Superlativen neigen, darf sie ruhig kräftig ausfallen. Meiden Sie auf jeden Fall politische Diskussionen, sofern Sie nicht vorbehaltlos der Meinung Ihrer Diskussionspartner sind.

Da Amerika ja der Nabel der Welt ist, ist das Interesse der Amerikaner an der Politik anderer Länder sehr gering, ihre Kenntnisse sind dementsprechend und ihre politische Einstellung ist von einer Schwarz-weiß-Logik geprägt, die alles, was davon abweicht, als kommunistisch und damit als Teufelswerk abstempelt.

Ähnliches gilt für die geografischen Kenntnisse der Amerikaner. Ihr Horizont endet an der mexikanischen Grenze. Selbst die befreundeten westeuropäischen Länder werden wohlwollend mit Attributen wie »niedlich, nostalgisch, romantisch« bedacht, gelten als winzig klein, etwas schmutzig und als eine Art besserer Bananenrepubliken, in denen eine babylonische Sprachverwirrung herrscht. Unter dem Eisernen Vorhang, der Ost- und Westeuropa trennt, kann man sich nichts vorstellen. Daß »Deutschland« zweigeteilt ist und man sich zwischen beiden Teilen nicht nach Belieben bewegen kann, ist unbekannt und unverständlich, die Grenzen und Beziehungen der verschiedenen europäischen Länder mit- und zueinander interessieren niemanden.

Dennoch: soweit man Weißer und Mittel- oder Nordeuropäer ist, gehört man zum gleichen »Stamm« und ist lediglich ein armer Vetter, der nicht das Glück hatte, in die gleiche gute Familie geboren worden zu sein. Das gilt ganz besonders, wenn man »WASP« ist. WASP bedeutet »White, Anglo-Saxon, Protestant« und repräsentiert sozusagen den amerikanischen Adel. Das Anglo-Saxon bezieht sich dabei wohl vor allem, aber nicht nur auf die Engländer, sondern auf alle Mittel- und Nordeuropäer und deren Nachfahren im eigenen Land. Es ist etwas seltsam, daß auch heute noch diese Kombination im Völker-Schmelztiegel Amerika als erstrebenswert gilt. Andere Weiße, etwa solche östlichen oder südlichen Ursprungs, gelten ebenso als minderwertiger wie Nicht-Protestanten. Katholiken sind suspekte Papisten, von Angehörigen anderer Religionsgemeinschaften schweigt man besser.

Obwohl viele Amerikaner südeuropäische Ahnen haben, gelten Latino-Amerikaner, insbesondere also die mexikanischen Nachbarn, als minderwertig und werden herabsetzend als »greaser« bezeichnet, die kaum eine Stufe über den Negern stehen.

Natürlich ist man liberal und kein Rassist, versucht also, gerade Negern oder Latino-Amerikanern gegenüber demonstrativ Toleranz zu praktizieren. Allzu nahe möchte man ihnen freilich nicht kommen!

Sicherlich hat die isolierte Lage der USA wesentlich zu der – in unseren Augen – etwas naiven Einstellung und Weltanschauung der Amerikaner beigetragen. Die einzigen andersartigen und anderssprachigen Nachbarn sind eben die Mexikaner, und die lernen sie meist nur flüchtig kennen, wenn sie als Touristen einmal nach Mexiko reisen. Jene Mexikaner aber, mit denen Touristen zusammentreffen, leben von diesen, gehen also auf ihre Sprache, Weltanschauung und Einstellung ein.

Dieser Versuch einer Charakterisierung des »typischen« Amerikaners erfolgt notwendigerweise aus mitteleuropäischer Perspektive und der Warte unserer eigenen Vorurteile, ist also zweifellos subjektiv. Sicherlich ist das Urteil der Amerikaner über Europa und die Europäer aus ihrer eigenen Sicht durchaus zutreffend.

Und schließlich: die Amerikaner haben mit dem Stolz auf ihr Land und dem daraus resultierenden Gefühl der Überlegenheit ja gar nicht so unrecht. Die USA sind nun einmal ein riesiges, wunderschönes Land, das in jeder Hinsicht alles bietet, was man sich denken und wünschen kann. Es ist die größte Wirtschafts- und Militärmacht der Gegenwart und wohl auch der Geschichte überhaupt. Einziger denkbarer Gegenpol in der westlichen Welt wäre ein vereintes Europa mit einheitlicher Sprache und einheitlicher Wirtschafts-, Infra- und Sozialstruktur. Daran aber ist kaum zu denken – leider.

Wir selbst haben seit dem Ende des letzten Kriegs viele amerikanische Gewohnheiten übernommen, und dieser Prozeß ist, wie etwa das Vordringen amerikanischer Schnellimbiß-Ketten in den letzten Jahren beweist, noch nicht abgeschlossen. Die einstmals größeren Unterschiede haben sich also verringert.

Europäer, die Amerika längere Zeit bereisen, sollten eine gewisse Bereitwilligkeit mitbringen, auf die Amerikaner und ihre Einstellung einzugehen. Es muß noch einmal betont werden, daß man, wenn man einige Spielregeln beachtet und Takt walten läßt, mit dem »typischen« Amerikaner leichter, einfacher und besser zurechtkommt als etwa mit dem »typischen« Deutschen. Die unkomplizierte Freundlichkeit, positive Weltanschauung und Hilfsbereitschaft, auch Gastfreundschaft Fremden gegenüber unterscheiden sich positiv von unserer mehr reservierten Zurückhaltung. Es ist wirklich erstaunlich, wie homogen die Bevölkerung eines Landes geworden ist, dessen Einwohner erst vor wenigen Generationen dort eingewandert sind und sich trotz der beibehaltenen Traditionen ihrer Heimatländer zu Angehörigen einer Nation haben zusammenschmelzen lassen.

1.14 Die Ankunft im »gelobten Land«: Einreise, Hotelsuche, Telefon

Es ist geschehen: Sie sind in Amerika gelandet und setzen erstmals Ihren Fuß auf amerikanischen Boden. Was nun?

Auch wenn Sie nicht New York als Zielflughafen haben, werden Sie dort meist zwischenlanden, bevor Sie weiterfliegen. In den meisten Fällen müssen Sie dort die Zoll- und Einwanderungs-Prozedur über sich ergehen lassen, bevor Sie weiterfliegen, weil viele inneramerikanische Flughäfen keine derartigen Behörden unterhalten.

Nachdem Sie Ihr Gepäck durch den Zoll geschleust haben, müssen Sie dem Einwanderungsbeamten klarmachen, daß Sie eine für Ihre Reise ausreichend lange Aufenthaltsgenehmigung eingetragen bekommen. Das mag bei längeren Reisen erforderlich machen, daß Sie Ihre Zahlungsfähigkeit nachweisen.

Ist diese Klippe umschifft, bekommen Sie eine Art Laufzettel in den Paß geheftet, in dem u.a. Ihr Ausreisedatum eingetragen ist. Diesen Zettel müssen Sie gut aufbewahren und bei der Ausreise wieder abgeben. Geschieht dies nicht, kommen Sie automatisch als illegaler Einwanderer auf die Fahndungsliste.

Der Kennedy International Airport dient in erster Linie dem internationalen Flugverkehr. Das bedeutet, daß Sie oft für Ihren Weiterflug per shuttle bus zu einem anderen Flughafen transportiert werden und dort erneut einchecken und das Gepäck aufgeben müssen – eine umständliche Prozedur, nicht zuletzt durch den »jet lag«.

Darunter versteht man die Probleme, die sich durch die Umstellung auf die Zeitverschiebung ergeben. Wenn Sie nicht gerade am Ort Ihres deutschen Startflughafens wohnen, haben Sie vor dem Abflug schon eine mehr oder weniger lange Anreise hinter sich. Eine Stunde vor Abflug mußten Sie einchecken, die Flugzeit beträgt etwa acht Stunden. Mit anderen Worten: wenn Sie in New York landen, werden Sie bereits mindestens 12 Stunden auf den Beinen sein; im Flugzeug zu schlafen wird meist nicht gelingen.

Das ist aber noch nicht der »jet lag«. Wenn Sie um 12 Uhr mittags in Deutschland gestartet sind, kommen Sie – nach amerikanischer bzw. New York-Ortszeit – bereits um 14 Uhr in New York an. Ihr Körper weiß (und sagt es Ihnen), daß es nach seiner Uhr bereits 20 Uhr ist, also Abend und nicht früher Nachmittag. Mehr noch als die physische Erschöpfung nach dem langen Flug streßt dieser »jet lag« den Körper.

Natürlich wird das Problem noch erschwert, wenn Sie nicht an der Ostküste bleiben, sondern gleich an die Westküste weiterfliegen. Erstens kommt die zusätzliche Flugzeit plus der Wartezeit für den Anschlußflug hinzu, zweitens vergrößert sich der »jet lag« noch einmal um drei Stunden.

Erfahrungsgemäß benötigt der Körper zwei Tage, um sich an die Zeitumstellung anzupassen. Zumindest einen vollen Tag werden Sie inaktiv bleiben müssen und deshalb möglichst rasch ein Hotelzimmer suchen. Man kann dem Körper übrigens die Anpassung an die neue Ortszeit wesentlich erleichtern, wenn man die Mahlzeiten auf der Anreise darauf abstimmt – ein Trick, der vom fliegenden Personal der Fluggesellschaften praktiziert wird. Eventuell kann man damit auch bereits in Deutschland beginnen.

In den meisten Flughäfen gibt es eine Tafel mit einem Hotelverzeichnis und einem Telefon. Hat man sich ein Hotel ausgewählt, kann man dort anrufen und fragen, ob es noch eine »vacancy« gibt. Sind also noch Zimmer frei, wird man oft kostenlos vom Flughafen abgeholt.

Theoretisch zumindest. Zunächst einmal gehören die Hotels auf der Tafel meist der gehobenen Preiskategorie an. Außerdem sind sie, wenn sie in Flughafennähe liegen, oft ausgebucht, weil viele Flugreisende »auf Verdacht« reservieren. Das ist recht einfach, weil die Hotels alle irgendwelchen Ketten angeschlossen sind und von jedem Hotel einer solchen Kette kostenlos Reservierungen bei einem anderen Hotel der gleichen Kette vorgenommen werden. Nach 18 Uhr sind dann meist noch einige Zimmer verfügbar, weil reservierte Zimmer nicht belegt wurden.

Ein kostenloser Transport vom Flughafen zum Hotel ist nicht unwichtig, weil Flughäfen normalerweise weit außerhalb der jeweiligen Stadt angelegt sind, um eine Lärmbelästigung zu vermeiden. Eine Taxifahrt in ein Stadthotel kann also eine teure Sache werden (außerdem erwartet auch der Taxifahrer mindestens zehn Prozent Trinkgeld).

Leider ist es nicht immer möglich, sich kostenlos abholen zu lassen. Selbst wenn das gewählte Hotel einerseits preiswert und andererseits zu diesem Service bereit ist, besteht etwa in Miami ein Verbot, um das Taxigewerbe zu schützen.

In San Francisco wird ein Abhol-Service nur von teuren Hotels geboten, während die preiswerteren Hotels fernab in der City liegen. Man wird also auch hier ein Taxi oder einen Bus nehmen müssen, denn ein Standquartier in der City ist vor Antritt der Fahrt ohnehin vorzuziehen.

Ähnlich wie in San Francisco ist es in Vancouver. Hier gibt es in Flughafennähe keine preiswerten Hotels, in der City genug, und viele davon holen ihre Gäste sogar vom Flughafen ab. In Los Angeles etwa oder in Detroit, dem besten Ausgangs-Flughafen für das reizvolle kanadische Ontario, gibt es in Flughafennähe wohl genug Hotels, aber auch hier empfiehlt es sich, ein Hotel in der City aufzusuchen, um von dort als Basis ein Fahrzeug für die Reise mieten oder kaufen zu können.

Ein Mietfahrzeug werden Sie auch dann benötigen, wenn Sie sich für den Kauf eines Autos, Wohnmobils oder Motorrads entschieden haben. Schließlich müssen Sie die Angebote besichtigen und die Händler aufsuchen.

Theoretisch könnten Sie sich natürlich direkt am Flughafen ein Fahrzeug mieten, aber erstens sind Sie nach dem Flug und der Zeitverschiebung nur eingeschränkt in der Lage, in einem fremden Land gleich loszufahren. Zweitens würde er ungenutzt herumstehen, während sich der Körper akklimatisiert und an die Zeitverschiebung gewöhnt, und drittens sind, wie Sie ja bereits wissen, die Mietwagen-Preise in der Stadt niedriger, und die Auswahl ist dort größer.

Um sich einen günstigen Mietwagen zu besorgen und/oder ein Fahrzeug zu kaufen, müssen Sie zweierlei beherrschen: die englische Sprache und den Umgang mit dem Telefon. Zu den Sprachkenntnissen ist nicht viel zu sagen – man hat sie oder man hat sie nicht; meist werden ausreichende Englisch-Kenntnisse vorhanden sein. Etwas anderes ist es mit dem Telefon.

Grundsätzlich läßt sich feststellen, daß in Amerika das Telefonieren einfacher und angenehmer ist als bei uns, auch wenn es manche Verschiedenheit geben mag. Das liegt daran, daß private Gesellschaften einander Konkurrenz machen und sich dementsprechend bemühen, die gebotene Dienstleistung kundenfreundlich anzubieten. Bei uns hingegen ist das Postwesen ja ein Staatsmonopol, und die Postbediensteten schert »König Kunde« herzlich wenig.

Die Telefonnummern in den USA, in Kanada und in Mexiko sind dreiteilig. Der erste Teil ist immer dreistellig und entspricht unserer Vorwahl (area code). Auch der zweite Teil ist stets dreistellig und engt das Gebiet weiter ein (prefix). Dann erst folgt die eigentliche, meist vierstellige Telefonnummer.

Flughafen, Hotel, Mietwagenfirmen und Autohändler dürften alle den gleichen area code haben. In solchen Fällern ersetzen Sie die ersten drei Ziffern durch eine 1, dann wählen Sie prefix und Nummer. Falls Sie vom Hotel aus anrufen, ist in der Regel eine 8 vorzuwählen.

Wenn Sie nicht wissen, was Sie tun sollen, wählen Sie ganz einfach eine 0. Es meldet sich dann das bei uns ausgestorbene »Fräulein vom Amt«, der »Operator«, und fragt nach Ihren Wünschen. Er ist immer freundlich, höflich und geduldig, zumal, wenn Sie sich als Ausländer zu erkennen geben.

Von Privatanschlüssen, aber nicht immer vom Hotel aus, kann man auch nach Europa direkt durchwählen, also ohne den operator; von diesem vermittelte Gespräche sind teurer als selbstgewählte. Bei Direktwahl kommt zunächst 011–49 (für Deutschland) und dann Vorwahl und Nummer des deutschen Teilnehmers, wobei lediglich die 0 der deutschen Vorwahl entfällt. Vermittelt der operator vom Hotel aus, wird er wissen wollen, ob die Gebühren der Hotelzimmer-Rechnung belastet werden dürfen. Das bietet sich an, wenn man keine Telefon-Kreditkarte hat.

Von Privatanschlüssen aus sind Ortsgespräche kostenlos, von Telefonzellen aus nicht, man muß dann Münzen einwerfen, nickels (5 cent) oder dimes (10 cent), die Gebühr ist unterschiedlich. Gebührenfrei sind Gespräche mit dem operator und solche, bei denen der area code durch die Zahl 800 ersetzt ist (toll free). Es sind dies meist Dienstleistungs-Unternehmen wie Hotelketten oder große Mietwagen-Unternehmen, die die Gebühren dann übernehmen. Von Telefonzellen aus muß man jedoch zunächst die Ortsgesprächs-Gebühr einwerfen.

Amerikanische Telefongebühren sind viel niedriger als bei uns. Wenn man sich dennoch zurückrufen lassen möchte, ist das auch in einer Telefonzelle möglich. Das ist immer dann sinnvoll, wenn man nicht sehr reichlich Kleingeld hat. Ferngespräche von einer Zelle aus gehen immer über den operator. Man wirft die Gebühr für ein Ortsgespräch ein, wählt die 0 und nennt dem operator die Nummer. Er sagt Ihnen dann die Gebühr für ein Dreiminutengespräch (das ist bei handvermittelten Gesprächen die Minimal-Sprechdauer, während man bei Direktwahl minutenweise sprechen kann). Nun beginnen Sie mit dem Münzeinwurf, was eine recht zeitraubende Tätigkeit ist, während der operator meistens bereits vermittelt. Er sagt dem deutschen Gesprächspartner, daß er warten muß, und gibt die Verbindung erst frei, wenn der gesamte Betrag eingeworfen ist. Spricht der Partner dennoch vorher, kann es sein, daß der operator die Verbindung kurzerhand unterbricht. Wer das vermeiden möchte, sollte entweder vor der Abreise den potentiellen Gesprächspartner entsprechend instruieren oder aber dem operator sagen, er möge die Verbindung erst herstellen, nachdem die volle Gebühr entrichtet ist.

Schlitzohren vereinbaren noch etwas anderes mit ihren Lieben zu Hause, nämlich einen Namenscode. Da bedeutet etwa »Karl Krause« so viel wie »bin gut angekommen«; »Emma Ehrlich« bedeutet »wir haben ein Auto gefunden und brechen morgen auf«, usw.

Was das soll? Nun, in Amerika gibt es die segensreiche Einrichtung des »person-to-person«-Anrufs. Das bedeutet, daß man dem operator neben der Telefonnummer auch den Namen des gewünschten Gesprächspartners angibt. Er ruft nun an und fragt nach der gewünschten Person. Ist sie anwesend, wird das Gespräch hergestellt, und es ist dafür eine erhöhte Gebühr zu bezahlen. Ist die angegebene Person jedoch nicht anwesend, wird das Gespräch nicht vermittelt, und es entstehen dem Anrufer keine Kosten.

Klingelt nun zu Hause das Telefon, und es meldet sich (beispielsweise) die liebe Gattin, weiß sie sofort, was die Uhr geschlagen hat, wenn der operator sich nach »Karl Krause« erkundigt, und sagt ihm, dieser sei nicht anwesend. Damit ist die Sache erledigt: kostenlos hat sie die ihr zugedachte Botschaft erhalten. Ob diese Methode fair und korrekt ist, sei dahingestellt, nutzt man doch damit das Vertrauen der amerikanischen Telefongesellschaft aus. Für Notfälle mag sie indes hilfreich sein, könnte doch etwa »Willi Walter« bedeuten, daß man pleite ist und unbedingt Bares braucht.

Glücklicherweise ist dieses Verfahren zur Übermittlung komplizierter Botschaften ungeeignet, so daß ein möglicher Mißbrauch sich in Grenzen hält.

In Amerika gibt es auch noch die bei uns durch den Ausbau des Selbstwähl-Systems weggefallenen R-Gespräche, bei denen der Angerufene, nachdem er sein Einverständnis gegeben hat, die Gesprächsgebühren übernimmt. So etwas nennt sich drüben »collect call«. Leider werden diese collect calls nicht ins europäische Ausland vermittelt. Der Grund dafür ist einleuchtend: die amerikanische Telefongesellschaft hat ja keine Möglichkeit, die Gesprächsgebühren vom angerufenen europäischen Teilnehmer zu kassieren.

Wie bei uns gibt es zu bestimmten Tageszeiten Billig-Tarife. Der normale Tarif läuft von 7 bis 13 Uhr dortiger Ortszeit. Von 13 bis 18 Uhr gibt es eine Verbilligung von etwa einem Drittel, danach bis um 7 Uhr morgens zahlt man nur noch gut die Hälfte des Normaltarifs. Wer geschickt mit der Zeitverschiebung jongliert, kann also seine Lieben für wenig Geld zur ihnen besonders angenehmen Zeit anrufen.

Wer in Amerika häufig telefonieren möchte, sollte sich eine Telefon-Kreditkarte besorgen. Dafür benötigt er die Kreditkarte von Diner's Club und bekommt dann auf Antrag kostenlos auch die Telefon-Kreditkarte. Man nennt dem operator deren Nummer und kann nun beliebig telefonieren. Die Abrechnung erfolgt über den Diner's Club.

2. *Reiserouten zwischen Mexiko und Alaska*

2.01 Weniger ist oft mehr: lassen Sie sich Zeit

Es läßt sich trefflich darüber streiten, welche der beiden Urlaubsformen attraktiver ist: der stationäre oder der mobile Urlaub. Bei einem stationären Urlaub begibt man sich – wie auch immer – zu seinem Urlaubsquartier. Dort bleibt man dann bis zur Abreise und unternimmt allenfalls kurze Tagesausflüge, um die nähere Umgebung kennenzulernen und Sehenswürdigkeiten zu besichtigen.

Demgegenüber besteht der Sinn des mobilen Urlaubs darin, von Station zu Station, von Sehenswürdigkeit zu Sehenswürdigkeit zu reisen. Man bleibt an einem Ort nur kurze Zeit, nur solange eben, wie man benötigt, um die lokalen Sehenswürdigkeiten zu besichtigen oder man Lust hat.

Ein mobiler Urlaub ist sicherlich weniger erholsam als ein stationärer, aber er hat den Vorteil, daß man in einer begrenzten Zeit wesentlich mehr interessante Eindrücke gewinnen kann und mehr erlebt.

Leser dieses Buchs werden sich bereits für den mobilen Urlaub entschieden haben. Wesentlich ist dabei allerdings, daß man auch die eigentliche Fahrt, also die Reise zwischen den einzelnen Stationen, als Bestandteil des Urlaubs versteht und diese nicht als notwendiges Übel betrachtet, um möglichst rasch von der einen Sehenswürdigkeit zur nächsten zu gelangen.

Es ist unter deutschen Urlaubern nicht eben selten, etwa die Strecke Frankfurt – Barcelona in einem Tag »abzureißen«. Das sind reichlich 1200 Kilometer Autobahn. Wenn der Urlaubsverkehr nicht zu dicht ist und es streckenweise dadurch zu Staus kommt, kann man durchaus auf einen Schnitt von 100 km/h kommen, ist also rund 12 Stunden an reiner Fahrzeit unterwegs.

Da es in Amerika bekanntlich eine Geschwindigkeits-Begrenzung von

88 km/h gibt und man sich ja Zeit nehmen will, hält man sich vielleicht für maßvoll, wenn man bei der Reiseplanung »nur« Tagesstrecken von 800 Kilometern zugrunde legt, zumal man weiß, daß die Fernstraßen in Amerika vorzüglich sind und man im Schlepp von Fernlastern mit der Höchstgeschwindigkeit etwas mogeln kann.

Es gibt in Nordamerika eine unendliche Fülle von Sehenswürdigkeiten. Der Rand McNally-Straßenatlas weist allein für die USA rund 700 aus – wohlgemerkt nur für die USA, also nicht für Kanada und Mexiko! Im Gegensatz zu Europa sind diese Sehenswürdigkeiten (außer in Mexiko) weniger kultureller oder historischer Art, sondern überwiegend Naturwunder, wie wir sie in unserem seit vielen Jahrhunderten nahtlos erschlossenen Europa kaum mehr kennen und die uns gerade deshalb besonders beeindrucken. Man denkt, wenn von solchen amerikanischen Naturdenkmälern die Rede ist, ganz automatisch an den Yellowstone-Nationalpark, an den so unerhört eindrucksvollen Grand Canyon oder an die Niagara-Fälle. Wer möchte sich schon nachsagen lassen, Amerika bereist zu haben, ohne diese Naturwunder gesehen zu haben?

Meist wird für die Amerika-Reise nur eine Urlaubszeit zwischen vier und sechs Wochen verfügbar sein. Bei den nachfolgenden Routenvorschlägen sind durchschnittlich fünf Wochen zugrunde gelegt worden. Hat man etwas länger Zeit, kann man es gemütlicher angehen lassen; umgekehrt muß man sich etwas mehr sputen, aber auch vier Wochen genügen notfalls. Unter Berücksichtigung des Hin- und Rückflugs und der Akklimatisation bleiben bei einem Urlaub von fünf Wochen rund 30 Tage für die eigentliche Fahrt übrig.

Legt man Tagesetappen von 800 Kilometern zugrunde, scheinen 30 Tage nicht gerade wenig zu sein. Die errechneten 24000 Kilometer genügen, um von der mexikanischen Südgrenze bis nach Alaska und zurück zu fahren – mehr geht wohl nicht!

Allerdings nur theoretisch. Tatsächlich sind die Tagesschnitte in der Praxis ungleich niedriger, und wer den Fehler macht, seine Reiseplanung auf zu hohen Tagesschnitten aufzubauen, um möglichst viele der bekannten Sehenswürdigkeiten auf seiner Checkliste abhaken zu können, wird bald hoffnungslos hinter seinem Zeitplan zurückliegen. Der Urlaub wird dann zu einem hektischen Rennen gegen die Zeit entarten. Zu hohe Tagesetappen bei der Reiseplanung sind so ziemlich der häufigste Fehler, den Amerika-Reisende machen.

Zunächst einmal gilt es zu bedenken, daß man die zulässige Höchstgeschwindigkeit nicht als Durchschnittsgeschwindigkeit fahren kann.

Ebenso wie bei uns gibt es niedrigere Geschwindigkeits-Beschränkungen als 88 km/h; hinzu kommen Fahrtunterbrechungen zum Tanken, für die Mittagsrast oder aus anderem Anlaß. Auch wenn man zügig fährt, wird schließlich doch kein höherer Schnitt als 70 km/h herauskommen. Demgegenüber ist es auf den europäischen Autobahnen kein Problem, einen Schnitt von 100 km/h oder mehr zu fahren. Der Unterschied liegt auf der Hand!

Noch stärker drückt die Fahrzeit auf den Tagesschnitt. Natürlich kann man einmal 12 Stunden am Lenkrad verbringen, um rasch und an einem Tag das Urlaubsquartier in Spanien zu erreichen und sich dort lange und gründlich zu erholen. Wenn aber die Reise selbst zum entscheidenden Bestandteil des Urlaubs wird und man mehr oder weniger jeden Tag unterwegs ist, sollte man pro Tag nicht länger als sechs, allenfalls unter besonders widrigen Umständen auch einmal sieben Stunden am Lenkrad sitzen – an reiner Fahrzeit also. Rechnet man die verschiedenen Fahrtunterbrechungen hinzu, ist damit der Tag sehr gut ausgefüllt.

Ein drittes Argument gegen optimistisch hohe Tagesschnitte schließlich besagt, daß man auch bei einem Reise-Urlaub nicht jeden Tag »on the road« ist. Man braucht möglicherweise für besonders attraktive Sehenswürdigkeiten zwei oder gar mehr Tage, oder man will einfach einmal an einem idyllischen Plätzchen einige Zeit verbringen und sich erholen.

Es kann also gar keine Rede davon sein, jeden Tag auch nur jene rund 420 Kilometer zurückzulegen, die sich aus einer realistischen Durchschnittsgeschwindigkeit von 70 km/h und einer täglichen Fahrzeit von sechs Stunden errechnen. Weicht man gar von den Fernstraßen ab, um auf Nebensträßchen Amerika zu entdecken, schrumpfen die Tagesetappen weiter.

Zweifellos eine der größten Sehenswürdigkeiten in den USA ist der Yellowstone-Nationalpark, der erste und größte Nationalpark der USA. Seine Ausdehnung von 9000 km^2 wird uns erst durch einen Vergleich mit vertrauten Maßstäben ein Begriff: er ist fast viermal (!) so groß wie das Großherzogtum Luxemburg oder das Saarland. Können Sie sich vorstellen, wie lange Sie selbst für eine oberflächliche Besichtigung einplanen müssen? Und das ist nur eine von zahllosen Sehenswürdigkeiten!

Die reine Fahrzeit vom Grand Canyon bis zu den Niagara-Fällen beträgt theoretisch rund 50 Stunden. Selbst wenn man also alles, was es unterwegs an Sehenswürdigkeiten gibt, einfach unbeachtet läßt und jeden Tag durchfährt, wird man mehr als eine Woche unterwegs sein.

Tatsächlich aber wird man mindestens doppelt so lange brauchen.

Die Erfahrung lehrt, daß man für einen sinnvoll gestalteten, locker geplanten Reiseurlaub mit genug Muße, um ohne Streß die Fahrt genießen und sich unterwegs umsehen zu können, Tagesetappen ansetzen sollte, die eher unter als über 200 Kilometer im Durchschnitt liegen! Aus der Distanz werden Sie das vermutlich nicht glauben, und tatsächlich gibt es durchaus Strecken, auf denen Sie 500 oder mehr Kilometer am Tag »abreißen« können. Das gilt etwa für Teile der Fahrt nach Alaska. Wenn man aber gemächlich reist, die Sehenswürdigkeiten besucht, vielleicht gelegentlich auch einen Abstecher macht oder sich hin und wieder einen Ruhetag an einem besonders reizvollen Ort gönnt, kommt nicht mehr dabei heraus als ein Durchschnitt um 200 Kilometer am Tag.

Bei 30 Reisetagen errechnet sich auf diese Weise eine angenehm zu bewältigende Distanz von rund 6000 Kilometern. Da man für einen derart kurzen Urlaub aus den bereits hinreichend beschriebenen Gründen ein Fahrzeug mieten und dieses möglichst auch am Startort zurückgeben wird, um die hohen Rückführ-Gebühren zu sparen, halbiert sich diese Distanz zum Radius, in dem man sich bewegen kann. Tatsächlich wird man sich sogar nur weniger als die Hälfte der insgesamt zurückzulegenden Strecke vom Startort entfernen können, weil man ja nicht in Luftlinie dem Wendepunkt entgegenstrebt und auch nicht auf dem gleichen Weg zurückkehren wird.

Es ist also nichts damit, von der mexikanischen Südgrenze bis nach Alaska und zurück fahren zu können, zumindest nicht innerhalb eines Monats. Es ist nicht einmal ganz einfach, auch nur von Vancouver aus nach Alaska vorzudringen, denn das sind hin und zurück immerhin runde 8000 Kilometer. Da es aber über weite Strecken hin keinen Anlaß gibt, die Fahrt zu unterbrechen, kommt man gerade auf dieser Strecke auf höhere Reiseschnitte als üblich, so daß diese Tour innerhalb von 30 Tagen gerade noch gut zu verkraften ist.

Allerdings ist es dennoch erstaunlich, welche Strecken man innerhalb von 30 Tagen zurückzulegen vermag. Von Hamburg bis nach Istanbul sind es weniger als 3000 Kilometer! Man muß sich angesichts der Größe des amerikanischen Kontinents nur eben von dem Gedanken frei machen, in einer begrenzten Zeit »alles« sehen zu können. Denken Sie an den oft belächelten Amerikaner, der als Tourist »Europa in fünf Tagen« macht; wer da meint, in 30 Tagen Amerika kennenlernen zu können, ist zumindest ebenso töricht!

Am besten wäre es natürlich, wenn man sehr viel Zeit zur Verfügung hat, vielleicht mehrere Monate, möglicherweise gar ein Jahr oder länger. Die nachstehend beschriebenen Routen lassen sich alle miteinander kombinieren, wobei man allerdings die Reihenfolge an den Jahreszeiten orientieren sollte. Überhaupt sollte man bei der Routenwahl unbedingt die Jahreszeiten berücksichtigen. Kann man also den Urlaub beliebig antreten, wird man ihn zu einer Zeit nehmen, da die ausgewählte Route am angenehmsten zu befahren ist. Liegt umgekehrt aber die Urlaubszeit fest, wird man eine in der entsprechenden Jahreszeit angenehm zu fahrende Route auswählen.

Es ist jedenfalls wenig ratsam, in den Sommermonaten den dann heißen Südwesten zu bereisen, und es ist unmöglich, in Gebirgsregionen oder in den Norden während der Winterzeit vorzudringen. Im Winter bieten sich Florida oder Mexiko an, im Hochsommer der Norden, im späten Frühjahr und im frühen Herbst kann man während einiger Wochen fast überall hinfahren.

Die amerikanischen Schulferien fallen ja, wie wir bereits wissen, in die drei Sommermonate Juni, Juli und August, und das sind auch die Monate, in denen die weitaus meisten Amerikaner ihren Urlaub nehmen. Die berühmten Sehenswürdigkeiten sind in dieser Zeit hoffnungslos überlaufen – trotz der geringen Bevölkerungsdichte.

Der Yellowstone-Nationalpark erlebt in den Sommermonaten einen Ansturm von rund 2,5 Millionen Besuchern. Obwohl die Campingplätze dort unvorstellbare Ausmaße haben, sind sie meist schon in den frühen Morgenstunden komplett belegt. Auch Ausweich-Campingplätze außerhalb des eigentlichen Parks sind meist ausgebucht, Hotels und Motels ohnehin. »Wildes« Camping aber ist in den Nationalparks verboten und wird von den Rangers scharf kontrolliert.

Zu allem Übel liegt der Yellowstone-Park rund 2000 Meter hoch und ist halbwegs zuverlässig eigentlich nur von Mitte Mai bis Mitte September befahrbar, weil davor und danach die Pässe oft zugeschneit sind. Am besten ist, wenn man es sich einteilen kann, die erste Septemberhälfte, da dann der Touristenstrom versiegt und das Wetter wohl kühl, aber noch gut erträglich ist; es beginnt dort dann auch bereits der berühmte »Indianersommer« mit seiner Farbenpracht.

Besser, aber zumindest in Grenznähe nicht viel besser als in den USA ist es während der Ferienzeit in Kanada und Mexiko. Die Niagara-Fälle gehören teilweise zu den USA, teilweise zu Kanada; hier herrscht selbst außerhalb der Ferienzeit ein lebhafter Betrieb. Ost-Kanada, vor allem Ontario, weniger das französischsprachige Quebec und die kleinen

Atlantik-Provinzen, ist für die Bevölkerung der Ballungszentren an der US-amerikanischen Ostküste ein beliebtes Ferienziel. Auch Mexiko ist beliebt, aber hier wälzt sich im Sommer der Touristenstrom meist auf geradem Weg in die 2250 Meter hoch gelegene und daher kühle Hauptstadt Mexiko City. Abseits der Hauptstrecke und des berühmten Acapulco läßt sich in Mexiko auch zur Ferienzeit gut reisen.

2.02 Nordamerika »kreuz und quer«: »Traumstraße der Welt« und Trans Canada Highway

Wie wir bereits wissen, kommt es bei Reisen parallel zum Äquator zu Zeitverschiebungen. Dafür aber ist die Temperatur innerhalb der jahreszeitlichen Schwankungen relativ konstant. Gewiß wirkt in Küstennähe der Einfluß des Meers ausgleichend und der Einfluß warmer oder kalter Meeresströmungen macht sich ebenso bemerkbar wie eine unterschiedliche Höhenlage. Grundsätzlich aber herrscht zur gleichen Zeit entlang eines Breitengrades auch eine konstante Temperatur.

Reist man hingegen nicht parallel zu den Breitengraden, sondern zu den Längengraden, also nicht von Ost nach West, sondern von Nord nach Süd (oder umgekehrt), gibt es wohl keine Zeitverschiebungen, aber dafür ändert sich die Temperatur unabhängig von der Jahreszeit. Je mehr wir uns dem nächstgelegenen Pol nähern, um so kälter wird es; je mehr wir uns dem Äquator nähern, um so wärmer wird es.

Kanada, Mexiko und die USA liegen wie Europa auf der nördlichen Hemisphäre, also dem Nordpol näher als dem Südpol. Je weiter man nach Süden kommt, um so wärmer wird es (jenseits des Äquators ist das umgekehrt, auch sind dort die Jahreszeiten vertauscht: herrscht bei uns Winter, ist dort Sommer).

Vielleicht haben Sie schon einmal davon gehört, daß man Nordamerika auf jeweils einer Straße sowohl von Nord nach Süd als auch von Ost nach West durchqueren kann. Die Nord-Süd-Straße wird als Teil der »Traumstraße der Welt« bezeichnet, die Ost-West-Verbindung als Trans-Canada-Highway. Von der Traumstraße der Welt wissen wir, daß sie in Panama unterbrochen ist, also nicht nach Südamerika durchgeht, aber das berührt uns zunächst nicht sonderlich, denn wir wollen ja in diesem Buch nur bis Mexiko vordringen.

Der nördlichste Teil der Traumstraße ist der berühmte Alaska Highway. Er verdankt seine Entstehung dem letzten Weltkrieg, als nämlich die US-Amerikaner befürchteten, von den Japanern in Alaska angegriffen zu werden. Um Alaska notfalls verteidigen zu können, mußte eine Straße gebaut werden, und die wurde 1942 innerhalb von nur neun Monaten allen geografischen Schwierigkeiten zum Trotz buchstäblich aus dem Boden gestampft!

Um diese Leistung richtig würdigen zu können, muß man wissen, daß der Alaska Highway 2500 Kilometer lang ist. Das entspricht etwa der Distanz von Frankfurt nach Athen, Istambul oder Lissabon. Ein noch passenderer Vergleich wird in Kürze folgen.

Obwohl der Alaska Highway in Fairbanks in Alaska beginnt (oder dort endet, je nach Standpunkt), verläuft er doch zum weitaus größten Teil in Kanada, im Yukon Territory und in British Columbia. Hier, in British Columbia, liegt Dawson Creek, und in Dawson Creek steht der berühmte »Mile Post 0«.

Ursprünglich war der Alaska Highway durchgehend eine gravel road, also lediglich geschottert. Mittlerweile ist er immer mehr asphaltiert worden; vielleicht werden die letzten Lücken bereits geschlossen sein, wenn Sie diese Zeilen lesen.

Ab Dawson Creek in Richtung Süden gibt es zwei Möglichkeiten. Entweder kann man seine ganz persönliche Traumstraße der Welt südwestlich in Richtung Vancouver legen oder südöstlich über Edmonton. Der kürzeste Weg führt über Vancouver, das 1200 Kilometer entfernt liegt. Kurz hinter Vancouver liegt die US-Grenze, und hier beginnt die Interstate Nummer 5.

Diese Interstate Nummer 5 führt schnurgerade nach Süden, durchquert die gesamten USA und endet erst an der mexikanischen Grenze bei San Diego. Man kann also wirklich von einer durchgehenden Straße zwischen Fairbanks und San Diego sprechen.

Das gilt auch, wenn man sich von Dawson Creek aus östlicher hält und über Calgary in Richtung USA fährt. Benutzt man ab der Grenze die Interstate Nummer 15, kommt man schließlich auf Umwegen ebenfalls nach San Diego, ohne diese Straße verlassen zu müssen. Natürlich gibt es auch noch andere Möglichkeiten, die USA von Nord nach Süd zu durchqueren.

Die zuvor erwähnte Interstate Nummer 5 ist die kürzeste Verbindung, und diese ist 2500 Kilometer lang. Damit ist die Durchquerung der USA von Nord nach Süd ebenso lang wie der Alaska Highway von Dawson

Creek nach Fairbanks. Hier haben Sie also auch den versprochenen Vergleich, der Ihnen illustriert, wie beachtlich lang der Alaska Highway ist.

Will man nicht die Halbinsel Baja California durchfahren, was an sich keine dumme Idee wäre, aber voraussetzt, daß man später eine Fähre zum Festland erwischt, dann muß man von San Diego aus nach dem Grenzübertritt zunächst die mexikanische Nummer 2 nehmen. Sie verläuft mehr oder weniger parallel zur Grenze nach Osten, bis man bei Santa Ana auf die südwärts führende Nummer 15 trifft. Dieser kann man bis Mexiko City folgen. Die Fortsetzung der Traumstraße nach Guatemala hat die Nummer 190.

Es ist also keineswegs so, daß die berühmte Traumstraße der Welt eine durchgehende Straße bezeichnet (was übrigens noch mehr für ihre Fortsetzung in Südamerika gilt). Vielmehr ist darunter eine in Nord-Süd-Richtung verlaufende Strecke zu verstehen, die nicht unbedingt und immer an bestimmte Straßen gebunden ist.

Dafür aber, so sollte man meinen, ist wenigstens der Trans Canada Highway eine durchgehende Verbindung von Ost nach West, die ja wohl auch schon viel älter ist als zumindest der nördliche Teil der Traumstraße der Welt, also der 1942 entstandene Alaska Highway.

Von wegen. Zunächst einmal gibt es den Trans Canada Highway erst seit 1962. Damals wurde allerdings nur die letzte Lücke in einem bereits lange zuvor bestehenden Straßennetz geschlossen: die anderen Straßen, die heute in dem Trans Canada Highway zusammengefaßt sind, waren zwischen Thunder Bay und Sault St. Marie unterbrochen. Der Canada Highway ist also wesentlich jünger als der Alaska Highway, und er besteht ebensowenig aus einer durchgehenden Straße wie die Traumstraße der Welt.

Angeblich ist der Trans Canada Highway 7800 Kilometer lang und damit die längste Autostraße innerhalb eines Staates. Ob das auch noch zutrifft, wenn man berücksichtigt, daß der Trans Canada Highway ja eigentlich keine durchgehende Straße ist, sondern aus vorhandenen Straßen zusammengesetzt wurde, sei dahingestellt.

Etwas Skepsis ist aber angebracht, wenn man bedenkt, daß das amerikanische Festland an der breitesten Stelle etwa 5200 Kilometer mißt. Wie sollen da 7800 Kilometer zusammenkommen? Selbst wenn man die Abweichungen von der direkten Ost-West-Luftlinie berücksichtigt, wäre das nicht ohne weiteres möglich, und tatsächlich legt man auf der Straße von Vancouver bis zu einem in gleicher Höhe gelegenen Ort an der Atlantikküste des Festlands auch kaum mehr als 5000 Kilometer zurück.

Des Rätsels Lösung ergibt sich daraus, daß die pfiffigen Kanadier auch vorhandene, in Ost-West-Richtung verlaufende Straßen auf den Inseln Vancouver Island im Westen und vor allem Newfoundland im Osten in den Trans Canada Highway einbezogen haben. Um vom ohnehin weltenfernen, entlegenen Ostzipfel von Nova Scotia aus mit dem Auto zur Insel Newfoundland zu kommen, müßte man es auf eine teure Fähre verfrachten, und eine längere Seereise einschalten (die einfache Fahrt für ein Auto und zwei Personen dauert 18 Stunden und kostet ca. 350 DM), bevor man dort die Fahrt fortsetzen kann und schließlich in der an der Ostküste der Insel gelegenen Hauptstadt St. John's eintrifft. Hier beginnt offiziell der Trans Canada Highway.

Wo kann man aber tatsächlich sinnvollerweise möglichst weit im Osten auf den Trans Canada Highway stoßen? Wenn man die Fahrt an der US-amerikanischen Ostküste beginnt, in New York etwa, folgt man der Interstate 95 nach Norden, bis sie an der Grenze von Maine zur kanadischen Provinz New Brunswick endet. In ihrer Verlängerung stößt man nach wenigen Kilometern auf den Trans Canada Highway, der hier allerdings geradewegs nach Norden führt, um das US-amerikanische Maine herum, bis er auf den St. Lorenz-Strom trifft, bei Rivière du loup. Mehr über diese Route lesen Sie im nächsten Kapitel.

Bei Rivière du loup haben Sie die kanadische Provinz New Brunswick bereits verlassen und befinden sich im französischsprachigen Quebec, der größten kanadischen Provinz (die Northwest-Territories sind keine Provinz, sondern werden ebenso wie das Yukon Territory direkt von der Staatsregierung verwaltet).

Der Trans Canada Highway (TCH) verläuft ab hier, als Autobahn ausgebaut, entlang dem Südufer des St. Lorenz-Stroms zunächst über die Stadt Quebec nach Montreal. Nicht ganz so schnell, aber interessanter ist jedoch die Strecke am Nordufer, das bis Quebec fast menschenleer ist. In Rivière du loup gibt es eine Autofähre über den St. Lorenz, der hier, obwohl wir uns bereits weit binnenlands befinden, noch immer 25 Kilometer breit ist.

In Quebec können wir, wenn wir es eilig haben, wieder über den St. Lorenz fahren und unseren Weg auf dem TCH fortsetzen, oder aber weiterhin dem Nordufer folgen. Bei Montreal gabelt sich der TCH in eine nördliche und eine südliche Route. Hier liegt auch die Grenze zur Provinz Ontario, der bevölkerungsreichsten und bei Touristen beliebtesten kanadischen Provinz. Allein aus den USA fallen jährlich rund 25 Millionen Touristen in Ontario ein; Ontario hat selbst nur rund 9 Millionen Einwohner, von denen etwa 90 Prozent im Süden, vor allem im Südosten leben.

Die Südroute des TCH folgt zunächst dem Verlauf der Straße Nr. 7 nach Südwesten, bevor sie als Straße Nr. 69 nordwestwärts führt. Man durchquert ein für kanadische Verhältnisse recht dicht besiedeltes Gebiet und kann, wenn man will, leicht einen Abstecher über Toronto zu den Niagarafällen machen, Ob sich das lohnt, ist schwer zu beantworten. Zweifellos sind die Fälle höchst eindrucksvoll. Obwohl ein Viertel der Wassermassen für die Energiegewinnung abgezweigt wird, strömen pro Sekunde immer noch fast drei Millionen Liter über die einen Kilometer breiten und gut 50 Meter hohen Fälle. Leider ist die Gegend ganzjährig total kommerzialisiert.

Für Naturfreunde ist zweifellos die Nordroute interessanter. Lange Zeit folgt sie dem Ottawa River, bis sie ihn zum Lake Nipissing hin verläßt. Bisher verlief die Nordroute des TCH auf der Straße Nummer 17. In North Bay folgt sie der Nummer 11. Wir aber bleiben besser auf der 17 und treffen bei dem stark industrialisierten Sudbury auf die Südroute des TCH, die von jetzt an und für lange Zeit unserer Nummer 17 folgt. Einige Zeit führt sie an einem Ausläufer des Huron Lake vorbei und trifft bei Sault Ste. Marie auf den Lake Superior, an dessen Ufer sie verläuft. Bei Nippigon vereinigen sich beide Routen des TCH wieder. Kurz danach verläßt die 17/TCH den Lake Superior bei Thunder Bay, um über Kenora nach Winnipeg, der Hauptstadt der Provinz Manitoba, zu führen.

Etwa bei Winnipeg wird die bisher besonders reizvolle Gegend zunehmend monotoner. Wir gelangen jetzt in das Gebiet der großen Prärien, die heute endlose Weizenfelder sind und bis zum Horizont keinerlei Abwechslung bieten.

Diese monotone Strecke von Winnipeg bis Calgary in der Provinz Alberta (Saskatchewan haben wir dabei durchquert) ist rund 1300 Kilometer lang. In einem Rutsch schafft man sie nicht, sondern wird irgendwo zwischen Regina und Calgary übernachten. Dafür erlebt man dann am nächsten Tag das imponierende Schauspiel, daß sich kurz hinter Calgary die gewaltigen Gipfel der Rocky Mountains am Horizont abzeichnen; ihnen streben wir jetzt entgegen.

Hat man schon bisher manche Abschnitte der Strecke in Quebec und Ontario hinsichtlich ihrer landschaftlichen Schönheit für kaum mehr steigerungsfähig gehalten, so erlebt man jetzt wirklich eine Landschaft, wie sie schöner und abwechslungsreicher kaum mehr denkbar ist. Man fährt über Banff und Lake Louise in die Berge, überquert in einer Höhe von 1600 Metern den Kicking Horse Pass, verläßt Alberta und kommt nach British Columbia. Von einer geraden, durchgehenden Straße kann schon lange nicht mehr die Rede sein. Vielmehr glaubt man sich trotz der gut ausgebauten Straße, die ja die wichtigste Ost-West-Verbindung darstellt, zeitweise in menschenferne, unerhört eindrucksvolle Wildnis versetzt. Der TCH führt jetzt in südwestlicher Richtung, wenn auch mit manchen Schleifen und Umwegen, nach Vancouver.

Die Fahrt von der Ostküste, etwa von New York aus, über den TCH nach Vancouver an der Westküste läßt sich locker in drei Wochen abspulen. Wer es eilig hat, kann auch mit 14 Tagen auskommen. Sollten Sie mehr Zeit haben, können Sie sich die beiden einzigen öden Tage der Fahrt zwischen Winnipeg und Calgary wesentlich angenehmer gestalten: durch einen Abstecher nach Süden, in die USA.

Von Winnipeg aus folgt man dann der 75, die ab der US-Grenze zur Interstate 29 wird, nach Süden und wechselt bei Fargo auf die parallel zum TCH nach Westen führende I 94 über. Bei Billings wird die 94 zur 90; wir verlassen sie kurz darauf, um über die 212 zum Yellowstone-Park zu gelangen, der in der Nordwest-Ecke von Wyoming liegt.

Den Yellowstone National Park verläßt man über die 89 nach Norden, bis man wieder auf die 90 stößt. Der folgt man nach Westen bis zur nach Norden führenden und uns bereits von der Traumstraße der Welt her bekannten Interstate 15. Diesmal fahren wir sie allerdings in umgekehrter Richtung, also nach Norden, und erreichen schließlich Calgary, von wo aus wir wieder den TCH benutzen.

Wie lange dieser Umweg über die US-Staaten North Dakota und Montana dauert, hängt vor allem davon ab, wieviel Zeit man sich für den Yellowstone Park gönnt. Jedenfalls ist die Tour auch mit diesem Umweg recht gut in einem Vierwochen-Urlaub unterzubringen.

Ideal wäre es, wenn man nach New York fliegen, dort ein Fahrzeug mieten, die Strecke bis Vancouver abspulen, das Fahrzeug dort abgeben und von Vancouver aus nach Hause fliegen könnte. Man würde dann kaum Zeit verlieren und könnte die Urlaubszeit optimal nutzen. Insgesamt wären rund 6000 Kilometer zurückzulegen, so daß man ohne Hast reisen kann.

Der Haken liegt an den recht hohen Kosten für die Rückführung und die Miete des Fahrzeugs. Über die billigere, aber auch zeitaufwendigere Alternative, sich einen gebrauchten Wagen zu kaufen und ihn in Vancouver wieder zu verkaufen, sind Sie ja bereits hinreichend informiert.

Wenn der TCH in diesem Kapitel vergleichsweise ausführlich behandelt wurde und die »Traumstraße der Welt« zu kurz gekommen ist, dann liegt das daran, daß er zumindest offiziell eindeutig (in Ontario »zweideutig«) definiert ist. Außerdem werden wir uns mit bestimmten Teilstrecken auf dem Weg nach Süden noch ausführlicher befassen, so daß Sie je nach Zeit, Neigung und Geld Ihre Nord-Süd-Route selbst zusammenstellen können.

2.03 Rundreise im Nordosten: Natur und Kultur

In diesem Buch wird der Akzent für Nordamerika-Reisende eindeutig auf die Natur gesetzt und die Kultur vernachlässigt. Das geschieht natürlich nicht ohne Grund. Hier in Europa haben wir unvergleichlich mehr an Geschichtsdenkmälern und kultureller Vergangenheit zu bieten, so daß uns das amerikanische Pendant kaum zu beeindrucken vermag. Umgekehrt aber sind die unendlichen, ursprünglichen Weiten der nordamerikanischen Landschaft und Natur etwas, was wir in vergleichbarer Großartigkeit im dicht besiedelten Europa seit Jahrhunderten nicht mehr finden können und oft auch in ferner Vergangenheit nie finden konnten.

Nun ist aber »Natur pur« gewiß nicht jedermanns Sache. Deshalb soll zumindest in diesem Kapitel eine Route angeboten werden, bei der die Mischung zwischen Kultur und Natur einigermaßen ausgeglichen ist. Auf die Beschreibungen von Städten und deren Sehenswürdigkeiten mußte allerdings verzichtet werden, weil diese einfach zu umfangreich geworden wären. Es gibt aber überall »tourist information offices«, so daß man sich vor Ort umfassend informieren kann. Auch gibt es Reiseführer, die die Sehenswürdigkeiten der Städte ausführlich behandeln.

Wie wir wissen, landete die Mayflower 1620 und begründete die Geschichte des englischsprachigen Amerika. Noch früher hatten sich die Franzosen in Kanada angesiedelt, noch viel früher waren die Wikinger gelandet. Alle diese frühen Besiedlungen fanden in einem recht begrenzten Gebiet des Nordostens statt, das Europa am nächsten liegt.

Abgesehen von der aztekischen Hochkultur im fernen Mexiko hat es in Nordamerika allenfalls bescheidene Ansätze zu einer eigenen kulturellen Entwicklung gegeben, bevor die Europäer kamen.

Die Neuengland-Staaten sind sozusagen die Keimzelle der anglo-

Carretera Transpeninsular (Mex 1) auf der Baja California.

An der Küste des Golfs von Mexiko gibt es auf der Baja kilometerweit leere Strände.

Nahe der Südspitze der Baja gibt es „wilde" Campingplätze, auf denen vor allem US-Amerikaner überwintern.

Typische Baja-Vegetation: Kakteen und die schlanken Cirios gedeihen in der Halbwüste zu Wäldern.

Typische Landschaft des mexikanischen Hochlands: Vulkan, Kakteen, Piste.

Pyramide von Teotihuacan nördlich von Mexico City.

Malerisch: die Silberstadt Tasco

Ruinen von Mont Alban in der Nähe von Oaxaca

Straße nach Tehuantepec

Strandidylle in Florida

Florida-Attraktion:
in den Everglades
gibt es Alligatoren.

Mangroven an der Ostküste von Florida

Weltraumraketen bei Cape Canaveral

Die Autostraße, die von der Florida-Südspitze über die Inselkette bis nach Key West führt.

Mit dieser originellen Hängebahn werden Autos nördlich von Hope über den Fraser River transportiert.

Eingang zum Corbett's Roadhouse am „Top of the World Highway", der vom Yukon Territory nach Alaska führt, samt Elchschaufeln und dem alten VW-Bus des Besitzers.

amerikanischen Kultur und damit letztlich auch der Vereinigten Staaten von Nordamerika als größter Wirtschafts- und Militärmacht der Geschichte. Sechs Staaten gehören dazu:

Staat	Fläche in km²	Einwohner in Mio	Einwohner/km²
Connecticut	13000	3,20	246
Maine	86000	1,20	14
Massachusetts	21400	5,80	271
New Hampshire	24000	0,92	38
Rhode Island	3150	0,96	304
Vermont	25000	0,51	20

Bereits die Bevölkerungsdichte läßt vermuten, daß zwischen den nördlichen Staaten Maine, New Hampshire und Vermont einerseits und den südlichen Staaten Connecticut, Massachusetts und Rhode Island andererseits unterschieden werden muß.

Warum sind die drei südlichen Neuengland-Staaten so dicht besiedelt? Vor allem deswegen, weil sie im Einzugsbereich des Molochs New York liegen, über dessen Sehenswürdigkeiten viele Reiseführer erschöpfend berichten.

Die vorzüglichen Flugverbindungen nach New York legen es nahe, eine Reise durch den Nordosten dort zu beginnen und zu beenden. Nur wenige Kilometer nördlich von New York beginnen bereits mit Connecticut die Neuengland-Staaten.

Von New York aus fährt man auf der Interstate 95 dem Nordufer des Long Island Sund entlang nach Connecticut. In New Haven befinden sich die Yale-Universität, eine der berühmtesten in Amerika, sowie die Winchester-Werke. Waffenfans werden ohnehin in den Neuengland-Staaten eine Hochburg finden: in Springfield/Massachusetts sitzt Smith-&Wesson, Hartford/Connecticut wurde durch Colt berühmt, um nur die bekanntesten Hersteller zu nennen.

Die Nachbarschaft zu New York mit den sich daraus ergebenden wirtschaftlichen Vorteilen und eine alteingesessene, vielseitige Industrie sorgen dafür, daß die drei südlichen, dicht besiedelten Neuengland-Staaten zu jenen gehören, die nach dem Sonderfall Alaska das höchste Pro-Kopf-Einkommen in den USA haben.

Weiter geht die Reise auf der I 95. Man kommt nach Providence und stellt fest, daß man Connecticut verlassen hat und sich bereits der Grenze von Rhode Island nach Massachusetts nähert.

Rhode Island ist der kleinste Staat der USA und entspricht in Größe und Bevölkerung etwa dem Saarland. Besonderheiten sind von ihm kaum zu berichten, allenfalls mögen für amerikanische Touristen die schloßartigen Gebäude von Newport eindrucksvoll sein, mit denen Amerikas Superreiche sich um die letzte Jahrhundertwende herum gegenseitig auszustechen versuchten.

Massachusetts ist wesentlich reizvoller als Rhode Island und auch Connecticut, und das nicht nur wegen der Hauptstadt Boston. Boston ist eine der attraktivsten amerikanischen Städte, die einzige Neuengland-Großstadt und hat eine für amerikanische Städte einmalige historische Tradition. Die Straßen sind nicht amerikanisch schnurgerade, sondern europäisch winklig, desgleichen erinnern Backsteinhäuser an unsere Vorstädte.

Boston ist Anfang des 17. Jahrhunderts gegründet worden und somit eine der ältesten amerikanischen Städte. Es ist noch immer ein kulturelles Zentrum; die Bostoner gelten als stockkonservative Snobs. Hier findet sich auch mit Havard die berühmteste amerikanische Elite-Universität. Rund zehn Prozent der Einwohner von Massachusetts leben in Boston. Kulinarisch ist Boston für seine Hummer berühmt, aber die bekommt man auch überall entlang der Atlantik-Küste.

Küste bietet Massachusetts reichlich – rund 2500 Kilometer, dazu mehr als 1000 Seen und reichlich Wälder. Durch die Mischung von Kultur und Natur ist Massachusetts insbesondere bei amerikanischen Touristen der beliebteste Neuengland-Staat.

Bleiben wir weiter auf der I 95, dann durchfahren wir für ca. 30 Kilometer an der Küste den Staat New Hampshire und sind damit in den nördlichen Neuengland-Staaten angelangt. Durch diesen schmalen Korridor hat New Hampshire Zugang zur Antlantik-Küste, der von allen Neuengland-Staaten nur Vermont verwehrt ist. Vermont wird von New Hampshire durch den Connecticut River getrennt; wir werden es noch kennenlernen.

New Hampshire schien ebenso wie die beiden anderen nördlichen Neuengland-Staaten einen Dornröschenschlaf zu schlummern, wird aber in den letzten Jahren zunehmend bevölkert. Wohl hat es eine für die USA extrem schlechte Infrastruktur hinsichtlich öffentlicher Einrichtungen, wie Krankenhäusern oder Schulen, aber es ist auch der einzige US-Staat, in dem es weder Einkommens- noch Umsatz-Steuern gibt! Auch landschaftlich ist New Hampshire reizvoll, so daß es nach Massachusetts die höchsten Einnahmen aus dem Tourismus bezieht. Allerdings hat seine Bevölkerung in den USA keinen guten Ruf, wohl deswegen, weil es einen hohen Anteil von aus Quebec zugewanderten Franko-Kanadiern gibt.

Obwohl Maine zu den kleineren US-Staaten gehört, ist es immerhin so groß wie alle fünf anderen Neuengland-Staaten zusammen! Es unterscheidet sich aber nicht nur durch seine (relative) Größe von den anderen Neuengland-Staaten, die wir bisher kennengelernt haben.

Da Maine zu 90 Prozent von Wald bedeckt und nur spärlich bevölkert ist, hat es einen sehr ursprünglichen Charakter bewahrt. Vor einem Jahrhundert war es wirtschaftlich viel bedeutender als heute. Eisblöcke wurden im Winter aus dem Flußeis geschnitten und in die städtischen Kühlkeller verkauft, Sardinen vor der Küste gefischt und im Hafen von Bath oberhalb der Hauptstadt Portland die meisten der berühmten amerikanischen Segler gebaut. Holz für den Schiffsbau war ja in den Wäldern reichlich vorhanden – Bangor am Penobscot River war zeitweise der größte Holzhafen der Welt.

Heute gibt es statt der Eiskeller Kühlschränke; die Sardinen sind verschwunden, Schiffe werden nicht mehr aus Holz gebaut. Dennoch ist die wirtschaftliche Grundlage des verarmten Staates Maine noch immer das Holz der riesigen Wälder. Der amerikanische »Nationalheld« Paul Bunyan, dessen riesige Statue in Bangor steht, hat wohl nie gelebt, war aber der Legende zufolge ein Holzfäller aus Maine.

Holzverwertungs-Gesellschaften haben in Maine riesigen Landbesitz. Einer gehört eine Fläche, die fast dreimal so groß ist wie der Staat Rhode Island!

Bei Portland verläßt die I 95 die Küste und folgt zunächst dem Kennebec River, später dem Penobscot River, um schließlich kurz hinter Houlton im Landesinneren die Grenze zur kanadischen Provinz New Brunswick zu überschreiten. Nach wenigen Kilometern trifft die Straße dann auf den Trans Canada Highway.

Vom weiteren Verlauf der Strecke über Quebec nach Montreal wurde bereits im letzten Kapitel berichtet. Sowohl Quebec als auch Montreal sind wirklich sehenswerte Städte und haben eine nach amerikanischen Maßstäben ungewöhnlich lange Geschichte, dokumentiert durch teilweise mehr als drei Jahrhunderte alte Befestigungsanlagen und Kirchen.

Quebec hat ca. 170000 Einwohner; insbesondere die Altstadt erinnert mit winkligen Gassen und kleinen Häusern an Europa. Montreal ist mit mehr als einer Million Einwohnern eine echte Großstadt. Da mehr als die Hälfte der Einwohner französisch sprechen, gilt es als die nach Paris größte französischsprechende Stadt überhaupt. Benannt wurde sie nach dem Mont Royal, einem Aussichtsberg.

Von Montreal aus folgen wir auf unserer Nordost-Route nun nicht mehr dem TCH, sondern fahren in westlicher Richtung zum Lake Champlain, wo wir wieder die US-Grenze überschreiten. Entweder nehmen wir gleich die am Ostufer des langgestreckten Sees (doppelt so groß wie der Bodensee) und in Vermont verlaufende I 89, oder zunächst die I 87, die am Westufer im Staat New York verläuft, um dann mit der Fähre überzusetzen und auf der I 89 in südöstlicher Richtung durch Vermont zu fahren.

Der Name Vermont kommt von »Les verts monts« – die grünen Berge. Es ist ein idyllisches Land mit verstreuten Farmen in grünen Tälern und viel Wald; von Nord nach Süd verläuft das Mittelgebirge der Green Mountains. Wirtschaftliche Grundlage ist die Landwirtschaft, berühmt ist der Ahorn-Sirup. Auch der Tourismus spielt eine wichtige Rolle, insbesondere im Herbst, während der »foliage season«.

Bei dieser foliage season handelt es sich um den Indianersommer, bei uns schlicht als Altweibersommer bekannt. Die Farbenpracht des absterbenden Laubs ist allerdings mit unseren Herbstfarben kaum vergleichbar, sondern ungleich intensiver und leuchtender. Das kommt daher, daß in Vermont besonders häufige Bäume, wie Ahornarten, während der Todesphase ihres Laubs in den Blättern einen besonderen roten Farbstoff bilden. Die Skala dieses Rots reicht von Purpur bis Scharlach und addiert sich zu den üblichen Farbvariationen der Chlorophyllverfärbung.

Vermont ist New Hampshire sehr ähnlich, vielleicht etwas lieblicher als der Nachbarstaat. Seine Bevölkerung hat allerdings einen viel besseren Ruf, desgleichen seine Regierung. Beide Staaten bilden zusammen ein Rechteck, das durch die entlang dem Connecticut River verlaufende Grenze diagonal geteilt wird.

Sobald unsere I 89 auf den Connecticut trifft, wechseln wir auf die dem westlichen Flußufer folgende I 91 über, folgen also auch dem Grenzverlauf auf der Vermont-Seite. Würden wir weiter der I 89 folgen, kämen wir zu rasch zur Atlantik-Küste zurück. Die I 91 hingegen führt über Springfield und Hartford, wo sie den Connecticut River verläßt, durch das Hinterland von Massachusetts und Connecticut, bis auch sie in New Haven an der Atlantik-Küste endet. Von dort aber ist es nur noch ein Katzensprung bis New York.

Die Gesamt-Distanz dieser Nordost-Reise beträgt etwa 2700 Kilometer. An reiner Fahrzeit benötigen wir dafür ca. 35 Stunden. Sie können sich also gut ausrechnen, wieviel Sie ein Mietwagen kostet und wieviel Zeit Ihnen für die Besichtigungen der Sehenswürdigkeiten unterwegs bleibt. Neben der sehr reizvollen und abwechslungsreichen Natur können Sie kräftig Kultur tanken. Über den Start- und Zielort New York zu schreiben, erübrigt sich wohl. Überdies aber berührt diese Route die Städte Boston, Quebec und Montreal, die alle viel zu bieten haben, von kleineren Städten ganz zu schweigen.

Natürlich gibt es zahlreiche Möglichkeiten, Abstecher zu machen und auf diese Weise die Reise zu verlängern, sie noch interessanter zu gestalten. Hier einige Vorschläge.

Sobald sie in New Brunswick auf den Trans Canada Highway getroffen sind, folgen Sie ihm nicht nach Norden, sondern nach Süden. Die Fahrt geht über Fredericktown zur Bay of Fundy mit dem bemerkenswerten Tidenhub (Unterschied zwischen Ebbe und Flut) von rund zehn Metern. Bei Moncton können Sie sich wieder nach Norden wenden, um über die Straße Nummer 11, später 132, schließlich nach Rivière du loup zu kommen. Haben Sie noch mehr Zeit, empfiehlt sich unterwegs eine Rundreise um die Gaspé-Halbinsel.

Einen anderen Abstecher können Sie machen, indem Sie den TCH nicht bei Moncton verlassen, sondern ihm weiter nach Nova Scotia folgen. Er endet erst bei Sydney – vorübergehend. Wenn Sie nun nämlich die bereits erwähnte Fähre nach Newfoundland nehmen, können Sie auf dieser Insel erstens in St. John's bis zum Beginn des TCH vorstoßen, und zweitens an der Nordspitze dieser Insel bei L'anse aux Meadow eine höchst interessante Ausgrabung besichtigen.

Dort hat nämlich der Archäologe Helge Ingstad endlich den Beweis dafür gefunden, daß Amerika bereits von den Wikingern besucht wurde. Das legendäre Vinland lag viel weiter im Norden als vermutet, nämlich hier, wo die Wikinger-Siedlung Leifbudir mit zahlreichen Funden aus der Zeit um 1000 n. Chr. ausgegraben wurde.

Das war gewiß eine sensationelle Entdeckung, aber Ausgrabungen dieser Art gibt es in Europa zahlreich. Der umständliche Umweg nach Newfoundland wird dadurch für Europäer kaum gerechtfertigt.

Nördlich des St. Lorenz liegen mehrere Naturparks, deren Besuch sich für Naturfreunde lohnt. Im übrigen sind Ihrer Phantasie kaum Grenzen gesetzt, wenn Zeit und Geldbeutel Ihnen längere Abstecher erlauben.

2.04 South of the border, down Mexico way...

heißt es in einem auch hier bekannten amerikanischen Lied. Europäische Touristen, die Nordamerika bereisen, lassen Mexiko meist aus oder machen allenfalls eine Stipvisite über die Grenze, um sagen zu können, sie seien auch in Mexiko gewesen. Für die Mexiko-Abstinenz unter Amerika-Touristen gibt es einige Gründe: die fremde Sprache, das Verbot, mit Miet-Wohnmobilen nach Mexiko einzureisen (seit die Straßen dort besser geworden sind, gibt es allerdings immer mehr Ausnahmen), eine teure Fahrzeug-Versicherung und vor allem wohl der Umstand, daß es von hier aus für Reiseveranstalter nicht ganz einfach ist, eine motorisierte Rundreise durch beide Länder zusammenzustellen.

Bei etwas Initiative lassen sich jedoch alle Schwierigkeiten lösen. Mexiko ist es jedenfalls wert und unterscheidet sich in vielen Punkten von den nördlicheren Ländern USA und Kanada.

Wer ein Fahrzeug in den USA mietet, kann die Erlaubnis zur Einreise nach Mexiko zur Bedingung machen und sollte sich eine in Mexiko vorgeschriebene beglaubigte Genehmigung des Vermieters ausstellen lassen. Außerhalb der amerikanischen Urlaubszeit von Juni bis September sollte es möglich sein, die Genehmigung für einen Mexiko-Trip zu bekommen, denn dann sind die Vermieter ohnehin nicht ausgebucht und an einem Zusatzgeschäft sehr interessiert. Es kommt hinzu, daß in Mexiko zwischen Mai und September Regenzeit herrscht, man sich also ohnehin besser einen anderen Termin für die Mexiko-Reise wählt. Das kann durchaus auch der Winter sein, denn Mexiko ist gerade dann durch seine milden Temperaturen besonders angenehm, solange man die Höhenlagen meidet.

Wer sich entschließt, ein Fahrzeug in den USA zu kaufen, hat mit einer Einreise nach Mexiko ohnehin keine Schwierigkeiten. Allerdings sollte das Fahrzeug robust sein, damit es nicht auf schlechten Nebenstrecken auseinanderfällt.

Eine Fahrzeug-Versicherung für Mexiko muß an der Grenze abgeschlossen werden, da hilft nichts. Die Prämie richtet sich nach dem angegebenen Wert des Fahrzeugs und ist nicht niedrig. Für ein mittleres Wohnmobil werden etwa fünf bis acht Dollar pro Tag verlangt.

Es ist schade, daß die Versicherungsprämie in Dollar und nicht in mexikanischen Pesos zu zahlen ist, denn die galoppierende Inflation hat dazu geführt, daß Mexiko ein sehr billiges Reiseland geworden ist. Gewechselt werden sollte in Deutschland von DM in Dollar und an der mexikanischen Grenze von Dollar in Peso, keineswegs in Deutschland von DM in Peso direkt, obwohl dann nur einmal Wechselgebühren anfallen. DM sind in Mexiko keine gängige Währung. Dollar-Reiseschecks können auch in mexikanischen Banken eingelöst werden. Das Symbol für den Peso ist dem für den Dollar sehr ähnlich, aber das S hat nur einen statt zwei senkrechte Striche; vor Verwechslungen muß man sich hüten.

Mexiko hat das metrische System – mit den anachronistischen amerikanischen Meilen und Gallonen ist es vorbei. Benzin ist noch billiger als in den USA; besonders billig ist Diesel. Das Normalbezin (Nova) ist wohl rund 25 Prozent billiger als das Super (Extra), hat aber für die meisten Autos eine zu geringe Oktanzahl.

Zumindest entlang der Hauptrouten gibt es genug Campingplätze, die man im Einzugsbereich größerer Städte aus Gründen der Sicherheit auch benutzen sollte. Essen ist billig. Nach den US-amerikanischen Erfahrungen werden sich Europäer freuen, hier neben den Tortillas auch oft knusprige Weißbrote zu bekommen, die an Südeuropa erinnern.

Unsere Mexico-Rundreise soll in San Diego beginnen, das wir auf den amerikanischen Interstates 5 oder 15 auf dem Weg vom Norden her erreichen. Wer direkt zur Westküste fliegt, kann San Diego von Los Angeles (200 km) oder San Francisco (900 km) aus rasch erreichen.

Die San Diego gegenüberliegende mexikanische Grenzstation heißt Tijuana. Will man das mexikanische Festland durchqueren, fährt man in Mexiko auf der Nummer 2 zunächst östlich bis Santa Ana und dann auf der Nummer 15 nach Süden bis Mexico City. Als besonders reizvolle Alternative sei jedoch die Fahrt über die Halbinsel Baja California beschrieben.

Von der Grenze bis zur Südspitze der Halbinsel Baja California sind es fast 2000 Kilometer. Sie trennt den Golf von California vom Pazifik; ihr Südzipfel liegt jenseits des Wendekreises des Krebses. Hier steht die Sonne am Mittag des 21. Juni genau im Zenit – die Tropen beginnen.

Seit einiger Zeit gibt es eine durchgehende und gut ausgebaute Straße, die MEX 1. Die Vereinigten Staaten von Mexiko (Estados Unidos Mexicanos) haben nach dem Staat Baja California Norte erst 1975 das südliche Baja California Sur als (30.) Bundesstaat aufgenommen. Der nördliche Staat ist mit 18 Einwohnern pro Quadratkilometer schon recht dünn bevölkert, aber im Süden gibt es nur ganze zwei Einwohner pro Quadratkilometer! Dabei leben 50000 der insgesamt 185000 Einwohner in der Hauptstadt La Paz.

Verhältnismäßig wenig interessant ist der erste Teil der MEX 1, die bis El Rosario knapp 400 Kilometer lang ist und der Pazifikküste folgt, bevor sie in das bergige Landesinnere eindringt.

Jetzt beginnt das Land der Kakteen. Rund hundert Arten soll es auf der Baja geben, drei Viertel davon wachsen nur hier, nirgendwo sonst auf der Welt.

Bei Guerrero Negro passiert man den 28. Breitengrad und muß die Uhr eine Stunde vorstellen. In einer südlich von Guerrero Negro gelegenen Bucht kalben im Winter die Wale.

Die MEX 1 bringt uns im weiteren Verlauf nach San Ignacio, in einem paradiesischen Tal gelegen, dessen Palmen mit der umliegenden Trokkenlandschaft reizvoll kontrastieren.

Bei Santa Rosalia ist etwa die Hälfte der Strecke auf dem Weg zur Südspitze zurückgelegt. Die MEX 1 hat jetzt die Golfküste erreicht. Santa Rosalia ist ein Bergwerksort; zwischen hier und Loreto gibt es zahlreiche wunderschöne Buchten mit traumhaften Camping-Gelegenheiten direkt am herrlichen Sandstrand. Hier würde es sich lohnen, längere Zeit zu verbringen, was auch schon zahlreiche Amerikaner mit ihren Wohnmobilen festgestellt haben. Dennoch bleibt genug Platz in der Idylle. Die Versuchung ist groß, hier, an der Bahia de la Concepción, den Rest des Urlaubs zu verbringen.

Von Santa Rosalia aus gibt es auch eine Fährverbindung über den Golf zum mexikanischen Festland, nach dem an der Nummer 15 gelegenen Guayamas. Sie verkehrt dreimal in der Woche, die Überfahrt dauert sieben Stunden und ist erfreulich billig.

So weit, so gut. Nun aber kommt der ganz große Haken, der die an sich wunderschöne Baja-Tour in Frage stellen kann. Auf der MEX 1 wieder zurückzufahren, erscheint nicht als sonderlich attraktive Perspektive. Viel interessanter wäre es sicherlich, über den Golf zu setzen und auf dem Festland entweder wieder gen Norden oder weiter nach Süden zu fahren. Auf allen Fähren aber, und die gibt es neben der von Santa Rosalia auch von La Paz nach Los Mochis oder Mazatlan bzw. von Cabo San Lucas nach Puerto Vallarta, ist kaum ein Platz zu bekommen, nicht einmal mit bestätigter Vorausbuchung. Selbst ein sehr fettes Trinkgeld hilft während der Ferienzeit keineswegs immer.

Will man nach dem Übersetzen wieder die Heimreise antreten, empfiehlt sich die Fähre von Santa Rosalia; soll die Reise auf dem Festland nach Süden fortgesetzt werden, ist die Fähre von La Paz aus empfehlenswerter. In jedem Fall sind gewaltige Formularberge auszufüllen, was man innerhalb eines Landes eigentlich nicht erwarten sollte.

Die 870 Kilometer von Santa Rosalia zur Südspitze bringen während des Winters von Dezember bis Februar eine Temperaturdifferenz von plus 5 Grad. Außerdem ist La Paz sehr erfreulich und es gibt wunderbare, malerische Buchten östlich von Cabo San Lucas, die sich für einen längeren Aufenthalt geradezu anbieten.

Wohlan: wir sind, wie und wo auch immer, glücklich zum Festland übergesetzt und folgen der Nummer 15, die immer mehr ansteigt, bis Mexico City (Ciudad de Mexico). Von Mazatlan aus sind es etwa 1200 Kilometer; die Strecke führt über Guadalajara, die zweitgrößte Stadt des Landes nach der Hauptstadt, und Morelia.

Über Mexico City ließe sich unendlich viel schreiben. Überlassen wir es lieber den einschlägigen Reiseführern und beschränken uns auf den Hinweis, daß das Anthropologische Museum unbedingt besucht werden sollte. Großstadt-typische Nachteile, wie Smog, Kriminalität, extreme Parkplatznot und riskante Fahrweise der Einheimischen lassen es geraten erscheinen, die ausgewählten Sehenswürdigkeiten möglichst rasch abzuhaken und die Reise fortzusetzen.

Bevor wir eine Route für die Rückreise vorschlagen, soll zunächst eine Rundreise-Empfehlung für solche Touristen ausgesprochen werden, die genug Zeit haben, um auch den Süden von Mexico City zu erforschen.

Von Mexico City aus fahren wir nach Osten und machen nach etwa 60 Kilometern eine Pause zur Besichtigung der alten Götterstadt Teotihuacan mit zwei Pyramiden, die nicht als Grabstätten dienten, sondern als Sockel für Tempel.

Bis zur Küste am Golf von Mexiko sind es nur 330 Kilometer, aber die sind eine sehr stramme Tagesetappe. Zunächst läßt sich auf der trockenen Hochebene des Altiplano ja noch alles ganz gut an, aber dann, wenn das Land zum Atlantik hin steil abfällt, wird die Vegetation immer tropischer und die Straße immer kurvenreicher. Zudem wird der Verkehr dichter, und es ist sehr schwierig, hier zu überholen. Zahlreiche Stauseen begleiten die Straße. Am Golfstrand angekommen, erfreuen Palmen; besonders schön ist der erste Teil entlang der Küste, auch wenn diese fast überall in Privatbesitz und damit nicht zugänglich ist.

Von Nautla aus verläßt die Straße bis Veracruz die Küste und bietet ebensowenig besondere Reize wie ihre Fortsetzung bis zum Isthmus von Tehuantepec.

Was südlich dieser Landenge liegt, gehört nicht mehr zu Nordamerika, sondern wird Mittelamerika zugerechnet. Ein Teil von Mexiko, insbesondere die Halbinsel Yucatan mit der berühmten Maya-Stadt Chichen Itza, gehört also bereits zu Mittelamerika. Getreu dem Buchtitel wollen wir uns jedoch auf Nordamerika beschränken und fahren quer durch den 250 Kilometer breiten Isthmus auf einer gut ausgebauten Straße, vom Ort mit dem wunderschönen Namen Coatzacoalcos bis nach Salina Cruz, einem einfachen, idyllischen Ort an der Pazifikküste. So oft kommt es ja wohl nicht vor, daß man innerhalb eines Tages mit einem landgebundenen Transportmittel den Atlantik und den Pazifik sieht!

Die Pazifikküste verlassen wir zunächst auf der »Carretera Panamericana«, einem Teil der uns bereits bekannten Traumstraße der Welt. In Oaxaca gilt es, die Sehenswürdigkeiten der Umgebung zu besichtigen. Beispielsweise den Mont Alban, Kultstätte der hier vom 3. bis 10. Jahrhundert herrschenden Zapoteken, oder Mitla, im 16. Jahrhundert Heimat der Mixteken.

Von Oaxaca aus fahren wir wieder zur Pazifikküste. Da die gut ausgebaute 175 uns zu weit nach Süden führt, nehmen wir eine schlechte Nebenstraße, die bei Puerto Escondido auf die Küste trifft.

Von hier bis zum mondänen Badeort Acapulco folgen wir der wenig befahrenen Küstenstraße über gut 400 Kilometer, wobei Acapulco keineswegs mehr zu bieten hat als viele idyllische Fleckchen an der Küste, dafür aber sehr teuer ist.

Zwischen Acapulco und Mexico City gibt es eine hervorragend ausgebaute, 430 Kilometer lange Straße, die uns rasch zum Ausgangspunkt unserer Rundreise zurückbringt. Insgesamt haben wir knapp 3000 Kilometer zurückgelegt, die in zwei Wochen ganz gut zu bewältigen sind.

Für den Weg von Mexico City zurück in die USA gibt es mehrere Möglichkeiten. Falls Sie an die Westküste zurück müssen und nicht wieder die Nummer 15 nehmen wollen, empfiehlt sich die Strecke über San Luis Potosi und Chihuahua bis Ciudad Juarez/El Paso, der Grenze. Von dort aus führt die I 10 nach Los Angeles; die I 8 weicht von ihr ab und führt nach San Diego. Diese Strecke über Ciudad Juarez/El Paso werden Sie auch nehmen, wenn Sie Ihre Reise durch den amerikanischen Südwesten fortsetzen wollen.

Eine andere Strecke führt gleichfalls zunächst nach San Luis Potosi; zwischen Mexico City und San Luis Potosi finden sich zahlreiche Stätten der neueren mexikanischen Geschichte. So wurde in Queretaro Kaiser Maximilian durch die Soldaten von Benito Juarez erschossen; in Dolores Hidalgo rief der katholische Priester Hidalgo zur Revolution auf und löste damit die Unabhängigkeit von Mexiko aus.

Von San Luis Potosi aus nehmen wir die Nummer 54 bis nach Saltillo; zumindest während der warmen Monate fahren wir nicht gleich die restlichen 80 Kilometer bis Monterrey durch, sondern übernachten in Saltillo. Danach nämlich fällt die Strecke rasch ab, und es wird sehr heiß.

Bis zur Grenze bei Nuevo Laredo/Laredo ist es jetzt noch eine gute Tagestour, dann sind wir in Texas und können den weiteren Verlauf der Reise beliebig gestalten.

Von Mexico City bis zur Grenze bei Laredo sind es reichlich 1200 Kilometer, die in drei Tagen bewältigt werden können.

Mexiko ist auch unabhängig von den USA eine Reise wert. Mietwagen gibt es auch in Mexiko, so daß man auch direkt dort hinfliegen kann. So billig wie in die USA wird man allerdings kaum fliegen können, und man muß in Mexico City zunächst einmal dem Körper zwei oder drei Tage lang Gelegenheit zur Anpassung geben, weil die plötzliche Umstellung auf die Höhenlage von 2200 Metern sonst Probleme mit sich bringt. Bei der Anfahrt mit dem Auto hat der Körper demgegenüber mehr Zeit, sich schrittweise anzupassen.

2.05 Der hohe Norden

Alaska und das kanadische Yukon Territory haben vor allem bei Jack London-Freunden einen guten Klang. Wer den Norden liebt, kann ihn in Europa viel leichter erreichen als auf dem amerikanischen Kontinent. Dort gibt es erst seit 1981 eine Möglichkeit, als ganz normaler Tourist mit eigenem Fahrzeug den Polarkreis zu erreichen, was ja in Skandinavien weiß Gott keine besondere Leistung ist. Wir kommen noch darauf zurück.

Zwei Probleme gibt es bei einer Nordlandtour in Amerika: die lange Anreise und die kurze Saison. Von Vancouver aus nach Fairbanks und zurück sind es an reiner Fahrzeit immerhin mindestens 65 Stunden mit einem Pkw. Wenn man Glück hat und nicht durch besonders behutsam fahrende Touristen, die man wegen der Staubentwicklung auf den ungepflasterten Streckenteilen nicht überall überholen kann, oder durch Witterungsunbill gebremst wird. Von Alberta oder von British Columbia aus wird in den meisten Fällen die Fahrt in den Norden über den Alaska Highway angetreten. Nur selten fliegen Touristen direkt nach Alaska, um sich dort ein Fahrzeug zu mieten.

Nach Alaska gibt es keine Charterflüge; die billigste Möglichkeit sind Apex-Flüge, die man rechtzeitig vorher buchen sollte. Man fliegt Anchorage an; wie alles im Norden sind die Mietgebühren sehr teuer. Dennoch sollte man es sich überlegen, direkt nach Alaska zu fliegen, wenn man den Norden besser kennenlernen will, weil man dadurch erheblich Zeit spart. Ab September kann bereits der Winter hereinbrechen und die Straßen zumindest vorübergehend unbefahrbar machen; vor Anfang Juni ist es einfach zu kalt; oft liefert der Winter dann noch ein Rückzugsgefecht.

Ideal wäre es, wenn man früh im Juni von Vancouver aufbricht und etwa drei Monate Zeit hat. Dann kann man gemächlich über den wunderschönen und höchst eindrucksvollen Süden von British Columbia fahren, bevor der Touristenstrom zu heftig brandet, um allmählich bis Dawson Creek vorzudringen und von dort aus über den Alaska Highway weiterzufahren. Auch wenn man die Strecke bis Fairbanks locker in zwei Wochen schaffen kann, verlockt gerade BC dazu, sich sehr viel mehr Zeit zu nehmen.

Tritt man die Rückreise Ende August oder Anfang September an, ist der Touristenrummel bereits vorüber und im hohen Norden kündigt sich der Herbst an, der als schönste Jahreszeit gilt. Man hätte also für den eigentlichen Norden und dessen Erkundung immerhin etwa zwei Monate Zeit.

Nun mag man sich fragen, wie man die totschlagen soll, denn vermeintlich gibt es ja im Norden Kanadas und in Alaska nur ein sehr dürftiges Straßennetz. Die meisten Alaska-Besucher fahren nur einen Rundkurs, indem sie über den Alaska Highway Fairbanks anlaufen, dort ihre Nahrungsmittelvorräte auffüllen und über die Nummer 3 die Fahrt in Richtung Anchorage fortsetzen. Von Anchorage führt die Nummer 1 (der Glenn Highway) zurück zum Alaska Highway bei Tok. Anschließend wird wieder die Heimreise angetreten.

Es ist noch wenig bekannt, daß man von Fairbanks aus seit 1981 weit über den Polarkreis hinaus nach Norden vorstoßen kann: auf dem Dalton Highway.

An der Prudhoe Bay im Norden wird aus dem Eismeer Erdöl gefördert und über eine 1290 Kilometer lange Pipeline bis nach Valdez an der Pazifikküste in der Nähe von Anchorage gepumpt. Der Dalton Highway wurde angelegt, um diese Pipeline nördlich von Fairbanks zu begleiten. Er ist geschottert und darf vom 1. Juni bis 1. September bis Disaster Creek bei Meile 210 befahren werden. Man ist dann 450 Kilometer nördlich von Fairbanks und rund 200 Kilometer nördlich des Polarkreises. Kurz hinter

Disaster Creek liegt der Atigun Pass, mit fast 1500 Metern der höchste Paß im Straßennetz von Alaska.

Ob sich das Befahren des Dalton Highway lohnt, mag dahingestellt sein; jedenfalls kann man nur auf ihm in Amerika den Polarkreis erreichen. Zudem ist die Mitternachtssonne vielleicht ein Argument, möglichst weit nach Norden vorzustoßen.

Als schönste Strecke in Alaska gilt der Denali Highway, eine der ganz wenigen Straßen in Alaska, die nicht aus wirtschaftlichen oder militärischen Gründen gebaut wurden. Der Denali Highway verbindet die beiden Straßen, die von Fairbanks aus nach Anchorage (Nummer 3) bzw. nach Valdez (Nummer 4) führen, zwischen den Orten Cantwell und Paxson in einer Länge von 217 Kilometern und hat im Straßennetz von Alaska die Nummer 8. Höhepunkt dieser sehr schönen und eindrucksvollen, aber teilweise schlecht ausgebauten Strecke ist der Denali, wie er heute heißt. Bekannter ist der Denali unter seinem früheren Namen Mt. McKinley, und er ist mit 6200 Metern der höchste Berg Nordamerikas. Die Amerikaner bezeichnen ihn auch gern keck als den höchsten Berg der Welt, weil er sich praktisch von Meerhöhe auftürmt, während die Himalaja-Berge sich weniger hoch über ihre Umgebung erheben. Wie der Berg hat auch der angrenzende Nationalpark seinen Namen von McKinley auf Denali geändert. Entlang des Highway lassen sich idyllische Plätze für einen längeren Aufenthalt finden.

Befährt man den Alaska Highway von Fairbanks aus, kommt man wenige Kilometer hinter Tok zur Abzweigung des Klondike Highway. Dieser Klondike Highway bildet in seinem Verlauf zwischen Tok und White horse eine Alternative zum Alaska Highway. Wohl ist er etwas länger, und sein Zustand ist weniger gut, auch ist er wegen der höheren Lage witterungsabhängiger. Dafür ist er voll von Erinnerungen an die Zeit des Goldrauschs, die Jack London so eindrucksvoll beschrieben hat.

Ganz besonders gilt das für Dawson City (nicht zu verwechseln mit Dawson Creek, wo der Alaska Highway beginnt). Hier gibt es unter Denkmalschutz stehende, im Originalzustand erhaltene Holzhäuser aus der damaligen Zeit, eine Spielhalle und sogar ein Theater, in dem noch heute zeitgenössische Stücke aufgeführt werden. Sogar ein Heckraddampfer liegt noch im Yukon.

Nicht nur der Alaska Highway ist während des letzten Kriegs entstanden, sondern auch eine Straße, auf der Erdöl aus der Arktis über den Landweg in die Staaten transportiert werden konnte: die Canol Road. Sie beginnt am Alaska Highway bei Johnsons Crossing, südlich von Whitehorse, und führte bis Norman Wells, einem winzigen Ort am Mackenzie River, der keine andere Straßenverbindung mit der Außenwelt hat.

Die Vergangenheitsform ist tatsächlich angebracht, denn die Canol Road ist längst aufgegeben, verfällt immer mehr und endet jetzt an einer Schlucht kurz vor Norman Wells endgültig, selbst wenn man mit einem Allrad-Fahrzeug bis hierher vordringen konnte. Fast an ihrem heutigen Ende befindet sich sogar ein Gasthaus, in dem gelegentlich wohl ein Tourist einkehren mag und das ebenso primitiv wie teuer ist. Schließlich muß ja alles für viel Geld angeliefert werden.

Falls ein Tourist sich wirklich entschließt, die Canol Road zu befahren, wird er meist in Ross River, 220 km von Whitehorse entfernt, wieder umkehren. In Ross River gibt es die letzte Tankmöglichkeit und eine Autofähre über den Fluß, der nicht etwa Ross, sondern Pelly heißt. Wer sie benutzt, um die Canol Road so weit zu fahren, wie es möglich ist, muß sich in eine Liste eintragen und angeben, wie lange er unterwegs sein will. Einen anderen Weg aus der Wildnis heraus gibt es nicht, und wer nicht wieder erscheint, gilt als verschollen. Dann läuft irgendwann eine Suchaktion an, die etwas erschwert wird, weil noch aus der Zeit des Straßenbaus viele Autowracks am Straßenrand liegen und aus der Luft leicht mit dem Pannenfahrzeug verwechselt werden können.

Es gibt noch andere interessante Straßen und Pisten im Norden. Am besten besorgen Sie sich »Milepost«, ein dickes Jahrbuch mit Karte, das die Straßen in Alaska und Yukon auf neuestem Stand erschöpfend beschreibt.

2.06 Der tiefe Süden

Wer die Probleme scheut, die aus den erwähnten Gründen nun einmal in Mexiko vorhanden sind, aber andererseits gern während der Wintermonate auf dem nordamerikanischen Teilkontinent Wärme und Sonne sucht, kommt an Florida kaum vorbei.

Die rund 800 Kilometer lange Halbinsel ragt weit nach Süden in den Atlantik hinein und schirmt den Golf von Mexiko vom Atlantik ab. In der Verlängerung der Südspitze gibt es die Inselkette der Keys, die durch eine Brücke verbunden sind. Bei diesen Inseln handelt es sich um Korallenablagerungen; da Korallen nur bei konstanten Wassertemperaturen von mehr als 20 Grad gedeihen können, sagt das bereits einiges über die klimatischen Verhältnisse aus.

Der für Europa so außerordentlich segensreiche Golfstrom entspringt ja im Golf von Mexiko; auch das ist ein Indiz für das Klima in Florida. Zunächst folgt der Golfstrom der Ostküste von Florida und schirmt sie vom kalten Atlantik ab, so daß auch hier die Wasser- und Lufttemperatur positiv beeinflußt wird.

Im Winter liegt die Temperatur um 20 Grad, im Jahresmittel bei 24 Grad, ist also sehr ausgeglichen. Während es im Sommer hohe Niederschläge und dementsprechend hohe Luftfeuchtigkeit gibt, ist der Winter trocken. Im Süden wird das ansonsten subtropische Klima tropisch – mit entsprechender Vegetation.

Hier im Süden liegen auch die berühmten Everglades, eine Sumpflandschaft fast auf Meereshöhe und ohne Abfluß, die die Niederschläge aufnehmen muß. Rund 6000 Kilometer der Everglades wurden zum Nationalpark erklärt; Touristen können dort vor allem Alligatoren, aber auch anderes exotisches Getier, wie Flamingos, Pelikane oder Schlangen bewundern.

Touristen gibt es in Florida reichlich, nicht nur in den Everglades. Angelockt vom milden Klima, fallen rund 30 Millionen pro Jahr ein! Sie besichtigen neben den Everglades vor allem Cape Canaveral, Disneyland (ca. 15 Millionen Besucher pro Jahr!) und die am Ende der erwähnten Inselkette liegende Stadt Key West, die nur etwa 150 Kilometer von Kuba entfernt ist.

Zum Baden ist inbesondere die Ostküste mit ihren Sandstränden und Strandseen geeignet. Die Westküste ist zerklüftet und buchtenreich, im Süden gibt es Mangrovenwälder.

Rund ein Drittel der Einwohner sind Farbige. Die Bevölkerung wächst durch Zuzug wegen des milden Klimas sehr rasch, insbesondere siedeln sich viele Rentner hier an. Typisch ist der winterliche Einfall der zahlreichen mit ihren Wohnwagen nomadisierenden Rentner, auf die zahlreiche bestens ausgestattete Trailerparks warten. Das ansonsten so beliebte Kalifornien liegt viel weiter nördlich als Florida und kann im Winter schon recht kühl werden.

Florida lebt vorwiegend vom Tourismus als wichtigstem Wirtschaftszweig. Nur etwa fünf Prozent des Landes dienen der Landwirtschaft, vor allem dem Anbau von Zitrusfrüchten.

Von New York bis Miami im Süden von Florida sind es reichlich 2000 Kilometer, die in 30 Stunden reiner Fahrzeit zurückgelegt werden können. Es ist also durchaus möglich, eine Florida-Reise von New York aus zu beginnen. Nötig ist das freilich nicht, denn es gibt von Europa aus zahlreiche und günstige Flugverbindungen direkt nach Miami oder Tampa, und dort sowohl genug Gebrauchtfahrzeuge aller Art zu kaufen als auch Fahrzeuge zu mieten. Eine Florida-Rundreise, bei der man vor allem dem Küstenverlauf folgt, ist nur etwa so lang wie die Strecke von New York nach Miami, also 2000 Kilometer.

In Daytona Beach an der Ostküste hat sich der vor Jahren aus Deutschland ausgewanderte ehemalige Journalist Gero Hoschek angesiedelt und offeriert Touristen seine Dienste. Sie scheinen recht interessant. Hoschek verkauft nämlich gebrauchte Fahrzeuge aller Art einschließlich der Formalitäten, wie Zulassung und gesetzlicher Minimalversicherung, holt seine Kunden am nächstgelegenen Flugplatz ab und zahlt ihnen sogar noch eine Übernachtung. Unabhängig von der Zeit und der zurückgelegten Strecke kauft er dann nach dem Ende der Reise das Fahrzeug zum halben Preis zurück, wenn es sich in einwandfreiem Zustand »wie bei Übernahme« befindet. Er liefert sogar seine Fahrzeuge gegen Kostenerstattung an jedem beliebigen Flugplatz ab oder läßt sie später dort abholen.

Natürlich ist Hoschek kein Wohltäter für deutsche Touristen, sondern will Geld verdienen, was man ihm kaum verdenken kann. Der Verlust von 50 Prozent ist nur zu rechtfertigen, wenn die Reise lange genug dauert. Pauschal muß der Kunde Abzüge für eventuell von Hoschek erforderlich gehaltene Wartungs- und Reparaturarbeiten anerkennen. Der so ermittelte tatsächliche Rückkaufpreis ist nicht anfechtbar und wird nicht gleich bar ausgezahlt, sondern nach Deutschland überwiesen.

Wem die vor allem den Rückkaufpreis einschränkenden Bedingungen nicht angemessen erscheinen, der kann das erworbene Fahrzeug auch privat verkaufen. In jedem Fall hat er sich die umständlichen Formalitäten der Zulassung und Versicherung erspart. Falls Sie Kontakt aufnehmen wollen:

Motor Holiday, PO Box 2509
Daytona Beach, FL 32015, USA

Da die großen Flughäfen Miami und Tampa direkt an der Küste liegen, ist es an sich belanglos, wo die Rundreise um die Halbinsel angetreten wird. Wir wollen einmal annehmen, daß Sie von New York kommen und Ihre Tour in der im Nordosten gelegenen Stadt Jacksonville beginnen.

Die an der Ostküste bis Miami verlaufende Straße ist die I 95. (Parallel, doch näher an der Küste, verläuft die Straße Nummer 1.) Von Miami aus führt die Nummer 41 zunächst westwärts und an dem Everglades Nationalpark vorbei, dann nordwärts entlang der Westküste bis Tampa.

Ab Tampa führt die Nummer 19 nordwärts; bei Tallahassee, der Hauptstadt, können wir ostwärts fahren und bei Jacksonville wieder am Startort ankommen.

Wenige Kilometer südlich von Jacksonville liegt die Kleinstadt St. Augustine, eine der ältesten Städte in Amerika, noch von den Spaniern gegründet, mit vielen gut erhaltenen und gepflegten älteren Gebäuden.

Auf dem Weg zum Raumfahrtzentrum Cape Canaveral passieren Sie das Marineland Ocenarium; ebenso wie Cape Canaveral ist es einen Besuch wert und gehört zu den großen Sehenswürdigkeiten.

Weiter südwärts stoßen Sie auf die Staatsstraße 76, die zu einem Umweg auffordert. Dieser führt uns zu dem über mehrere Kanäle mit dem Atlantik verbundenen, riesigen Okeechobee-See. Er ist bereits Bestandteil der Everglades, liegt an deren Nordende und nur 4–5 Meter über dem Meeresspiegel und ist dreieinhalbmal so groß wie der Bodensee, aber viel flacher.

Vom Okeechobee-See aus fahren wir auf der Nummer 27 bis zur I 75; hier liegt es bei Ihnen, ob Sie noch einmal zurück zur Ostküste wollen, um die dichtbesiedelte und sündteure Gegend um Miami zu besuchen, oder ob Sie weiter auf der Nummer 27 bleiben, bis Sie wieder auf die Küstenstraße stoßen und auf ihr bis Key Largo fahren. In Key Largo beginnt die 175 Kilometer lange Strecke von Insel zu Insel, über zahllose Brücken, bis nach Key West; eine der Sehenswürdigkeiten ist das Hemingway-Haus.

Zurück geht die Fahrt über die Inselkette; Naturfreunde können, bevor sie zur Nummer 41 kommen und diese westwärts fahren, einen Abstecher über die Nummer 27 nach Flamingo machen, einem Ort mitten in den Everglades und an der Küste gelegen, wo man den besten Eindruck von dieser schillernden Sumpflandschaft bekommen kann.

Auf der Nummer 41 fahren wir der Westküste entlang bis Punta Gorda; statt weiterzufahren und das bevölkerte Tampa zu durchqueren, folgen wir der Nummer 17 entlang dem Peace River bis zu den berühmten Cypress Gardens, bevor wir uns wieder westwärts zur Küste wenden. Der weitere Streckenverlauf bringt keine großen Höhepunkte mehr, da die Straße der Küste fernbleibt. Den Rückweg nach Jacksonville können Sie über die I 75 abkürzen.

2.07 Der Nordwesten

Kalifornien und der lockende Südwesten werden von den die Westküste besuchenden Touristen offenbar gegenüber dem Nordwesten bevorzugt. Wer freilich eine vielfältige, überaus eindrucksvolle Landschaft kennenlernen will, ist mit der Nordwest-Tour gut beraten.

Unter dem Nordwesten verstehen wir hier in erster Linie British Columbia und den westlichen Teil von Alberta in Kanada sowie die US-Staaten Washington, Idaho, Montana und Oregon.

Unsere Nordwest-Tour kann entweder von Vancouver aus oder von San Francisco angetreten werden. Zweifellos kann man mehr in die Route packen, die in San Francisco beginnt (und dort endet), aber sie ist auch rund 6000 Kilometer lang, während es von und nach Vancouver nur 3500 Kilometer sind. Falls es sich mit dem Flugticket und dem Fahrzeug so einrichten läßt, wäre als Kompromiß auch der Flug nach San Francisco und der Rückflug von Vancouver aus (oder umgekehrt) denkbar.

Der Nordwesten ist erst recht spät erschlossen worden; noch später wurde er besiedelt. Von Europa aus war der Weg um Kap Hoorn herum ungleich länger und gefährlicher als zur Ostküste, so daß praktisch die gesamte Besiedlung der Westküste von der Ostküste aus erfolgte und erst ernsthaft begann, nachdem das weiter östlich liegende Land vergeben war.

Im Jahre 1804 schickte Thomas Jefferson die beiden Captains Lewis und Clark der US Army mit 30 Begleitern auf eine Expedition mit dem Auftrag, die Westküste zu erreichen. Nach zwei Jahren und vier Monaten, nach gewaltigen Strapazen, kam die Expedition zurück und konnte Vollzug melden. Weiter im Norden hatte Alexander Mackenzie bereits 1792/93 den Pazifik erreicht. Die beiden Expeditionen blieben aber zunächst ohne unmittelbare Auswirkungen.

In Kanada wie in den USA waren es die Trapper und Pelzhändler, die als Vorhut in den Westen vordrangen und später von den Siedlern gefolgt wurden. Der gesamte Nordwesten wurde damals als Oregon-Territorium bezeichnet.

Lewis und Clark hatten nur unter den größten Problemen die unwegsamen Gebirge überwinden können. Eine viel bequemere Strecke (wobei »bequem« höchst relativ ist) wurde später über den South Pass entdeckt. Auf diesem berühmt gewordenen Oregon Trail rollte der Strom der Siedler mit ihren Planwagen gen Westen. Erst in der zweiten Hälfte des vorigen Jahrhunderts wurde das Land allmählich dichter besiedelt.

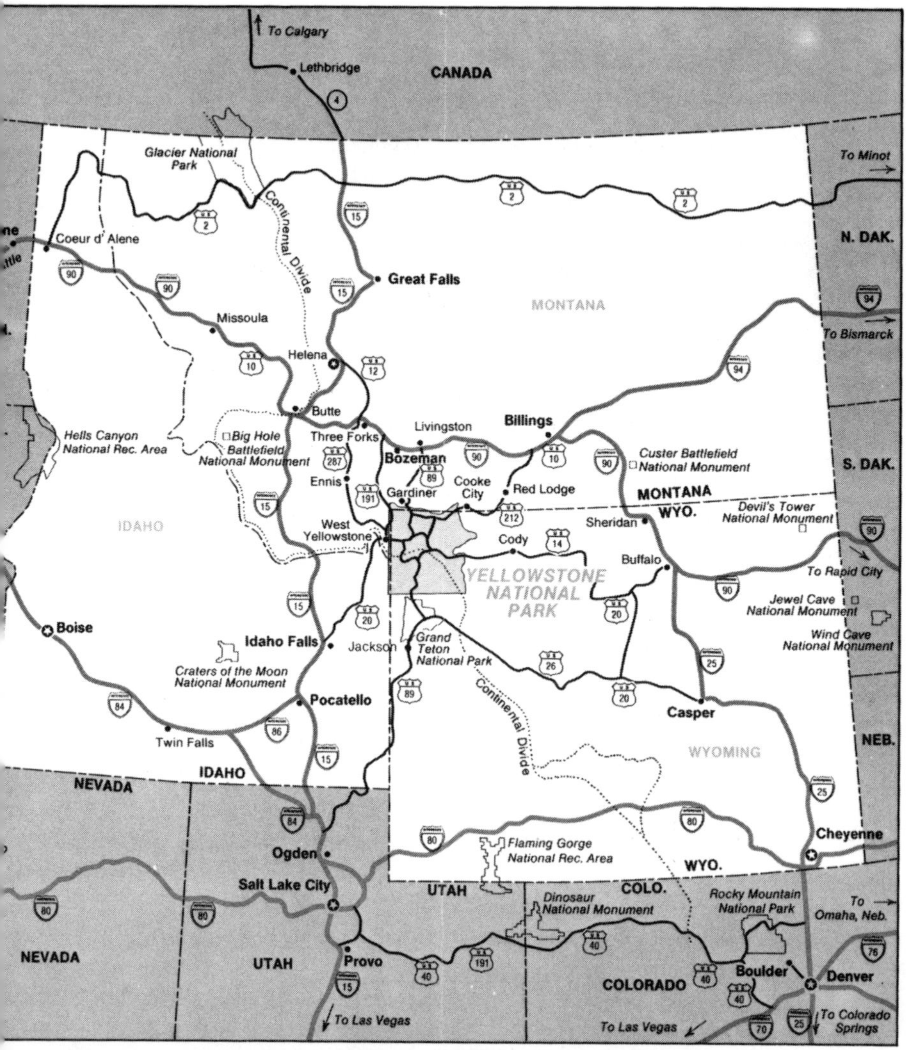

Der Yellowstone-Nationalpark liegt wohl in der Nordwestecke von Wyoming, grenzt aber an Idaho und Montana an.

Auch der Begriff »dicht besiedelt« ist sehr relativ. Obwohl an der nördlichen Westküste einige Großstädte wie etwa Seattle oder Portland entstanden sind, leben in den Küsten-Staaten Washington und Oregon selbst heute nur 20 bzw. 8 Einwohner pro Quadratkilometer; in Idaho sind es knapp 4, in Montana nicht einmal 2! Auch in den kanadischen Provinzen Alberta und British Columbia sind es trotz der Großstädte nur wenig mehr als zwei Einwohner. Zur Erinnerung: in der Bundesrepublik sind es 250 Einwohner pro Qudratkilometer!

Der alte Oregon Trail endete bei dem heutigen Portland. Von dort aus wurde zunächst das fruchtbare Willamette-Tal besiedelt, das sich parallel zur Küste nach Süden erstreckt.

Der Nordwesten ist vorwiegend durch Teile der Rocky Mountains geprägt, also gebirgig. Die bemerkenswerteste Ausnahme ist wohl das Harney-Becken, eine Hochebene, deren Gewässer sich nicht entschließen können, ob sie nach Westen oder nach Osten abfließen sollen. Also bleiben sie im Lande und versickern in Sumpfseen. Abgesehen von diesen Morastgebieten ist das Land eine schütter mit Salbei bestandene Trokkensteppe, hat also sehr wenig Regen. Für Deutsche interessant sein mag ein Fluß mit dem seltsamen Namen »Donner und Blitzen River«.

Um so mehr Regen gibt es dafür westlich des Kaskaden-Gebirges, wo die vom Pazifik hereinziehenden Wolken hängenbleiben und sich entleeren. Berühmt geworden ist die Olympic-Halbinsel im Nordwesten des Staates Washington. Am Fuße schneebedeckter Berge gibt es hier ein feuchtes Treibhausklima mit im Jahresverlauf gleichmäßigen Temperaturen und fast täglichem Regen, das die Entwicklung eines höchst eindrucksvollen Regenwaldes mit gigantischen Bäumen begünstigt hat.

Unsere »kleine« Nordwest-Route beginnt in Vancouver, der drittgrößten Stadt Kanadas (nach Montreal und Toronto). Ihr Aufschwung begann 1885, nachdem die transkontinentale Eisenbahn die Pazifik-Küste erreicht hatte. Heute leben hier rund die Hälfte aller Einwohner der Provinz, die fast viermal so groß wie die Bundesrepublik ist. British Columbia ist eine ehemalige britische Kronkolonie; noch heute sind mehr als zwei Drittel der Einwohner, also mehr als in den anderen Provinzen, englischen Ursprungs. Auch der asiatische Anteil der Bevölkerung ist, wie an der gesamten Westküste, durch die günstige Lage zu Asien überdurchschnittlich hoch. Nach San Francisco hat Vancouver beispielsweise die größte »china town« in Amerika.

Von Vancouver aus nehmen wir zunächst den Trans Canada Highway bis Kamloops, wo wir ihn verlassen und über die Straße Nummer 5, später über die Nummer 16, zum Jasper Nationalpark fahren. Bereits die Fahrt von Vancouver nach Jasper ist höchst eindrucksvoll und ein echtes Erlebnis, in der Saison allenfalls durch den

Touristenverkehr leicht beeinträchtigt.

Vom Ort Jasper aus führt der berühmte Icefield Parkway nach Süden, nach Banff. Die wildromantische Gebirgslandschaft ist touristisch recht gut erschlossen, was ihre Schönheit wohl nicht beeinträchtigt, Naturfreunden, die die Einsamkeit lieben, aber nicht unbedingt willkommen sein mag. Für sie sei eine vielleicht noch reizvollere Alternative vorgeschlagen.

Dazu bleiben wir im Ort Jasper weiter auf der Nummer 16, ohne auf den Icefield Parkway abzubiegen. Von Hinton aus nehmen wir die Forestry Trunk Road in Richtung Süden, die am Fuß der Rocky Mountains entlang verläuft. Es handelt sich um eine auch in der Saison nur wenig befahrene Schotterstraße, die aber in der schneefreien Jahreszeit von Fahrzeugen aller Art ganz gut zu bewältigen ist und »Natur pur« bietet.

Auf dem ersten Teil von Hinton bis Nordegg sind die Ram River-Fälle hervorzuheben. Sehenswürdigkeiten im Verlauf des zweiten Teils von Nordegg über Seebe bis zur »Municipality of Crowsnest Pass« wären hervorzuheben: Highwood Pass, Plateau Mountain, Livingstone Falls. Auf ausreichenden Benzinvorrat sollte man achten, denn auf der langen Strecke sind Tankstellen nur in Hinton, Robb, Nordegg, Seebe und Highway House zu finden.

Wenn man zunächst den Icefield Parkway genommen hat, kann man die Fahrt auch ab Seebe auf der Forestry Trunk Road fortsetzen. Auch wer dem Icefield Parkway noch weiter folgt, muß über den Crowsnest Pass nach Osten, so daß sich spätestens hier beide Strecken wieder vereinigen.

Auf der Nummer 3, dem Crowsnest Highway, fahren wir nach Lethbridge, von dort auf der Nummer 4 nach Süden zur US-Grenze. Ab der Grenze wird die kanadische Nummer 4 zur amerikanischen I 15, die uns über Great Falls nach Butte bringt. Bisher haben wir dann reichlich 2000 höchst eindrucksvolle Kilometer zurückgelegt.

Von Butte aus machen wir einen Abstecher über die I 90 und ab Livingston über die Nummer 89 zum Yellowstone Park, wo wir beliebig lange bleiben können, denn der Rest der Route ist im Vergleich zum ersten Teil weniger interessant und dient vorwiegend dazu, uns wieder zurück nach Vancouver zu bringen. Sollten Sie nach dem Yellowstone dennoch genug Zeit haben, läßt sich natürlich auch der Rest der Strecke, der ja nur im Vergleich mit der bisherigen Strecke reizloser erscheint, dies aber absolut gesehen keineswegs ist, attraktiv gestalten.

Die Rückfahrt verläuft von Butte über Spokane nach Seattle. Dort kann ein Abstecher zum Olympic Nationalpark unternommen werden, von dem wir gleich noch mehr erfahren werden. Über die I 5 beenden wir unsere Fahrt in Vancouver.

Die »große« Nordwest-Route beginnt in San Francisco, das ja nicht dem Nordwesten zuzurechnen ist. Von dort aus fahren wir auf der berühmten Straße Nummer 1/101 nach Norden. Ab San Francisco hat die Küstenstraße die Nummer 1 und ist ebenso wie ihre Fortsetzung, die 101, touristisch sehr stark erschlossen. Der Rummel nimmt aber mit der Entfernung von San Francisco allmählich ab. Die Straße ist sehr kurvenreich, ein Zugang zum Strand zunächst nur selten möglich.

In Legett wendet sich die Nummer 1 von der Küste ab und vereinigt sich mit der 101, bevor die Straße bei Eureka wieder zur Küste zurückführt. Kurz darauf wartet der Redwood Nationalpark mit gewaltigen, bis 100 Meter hohen Redwood-Bäumen auf Ihren Besuch.

Mit einem wunderschönen Küstenabschnitt beginnt der Verlauf der 101 ab der Oregon-Grenze. In Coos Bay beginnt die Oregon Dunes Area, die sich über ca. 60 Kilometer bis Florence erstreckt und mit riesigen, vegetationslosen Dünen aufwartet – ein Paradies für Off road-Fans.

Hinter Florence wird die Straße von steilen Felsen flankiert. Als Attraktion gelten die Seelöwen, die sich im Meer tummeln und die man von der Straße aus beobachten kann. Im weiteren Verlauf wendet sich die 101 gelegentlich von der Küste ab, bleibt aber stets in deren Nähe, bis sie auf der Olympic-Halbinsel eine große Schleife beschreibt. In dieser Schleife liegt der Olympic Nationalpark mit dem üppigen Regenwald und riesigen Bäumen. Trotz der Nähe zur Großstadt Seattle ist die Olympic-Halbinsel ein Stück weitgehend unberührter Natur; von der 101 ausgehende Stichstraßen ermöglichen es, einen idyllischen Fleck zum Camping zu finden, falls die häufigen Regenfälle nicht stören.

Von Seattle aus kann man über die Nummer 5, wie bereits beschrieben, nach Norden und nach Vancouver gelangen. Man kann aber auch, und das ist empfehlenswert, von Port Angeles aus eine Autofähre zur Vancouver-Insel nehmen, die der gleichnamigen Stadt vorgelagert ist. Vancouver Island ist 500 Kilometer lang; hier liegt auch Victoria, die Hauptstadt von British Columbia, mit 200000 Einwohnern. Die Insel ist sehr wenig durch Straßen erschlossen und dünn besiedelt. Auf ihr beginnt der Trans Canada Highway, der auf der Insel Newfoundland im Atlantik endet. Von Vancouver Island muß man mit einer Fähre zum Festland übersetzen; die Fähren von Port Angeles nach Vancouver Island und von dort zum Festland kosten zusammen (Stand 1987) für zwei Personen und ein Auto etwa 80 Dollar.

Die Strecke von Vancouver bis Butte entspricht jener der »kleinen« Nordwest-Route. Auch der Abstecher zum Yellowstone Nationalpark sollte nicht ausgelassen werden. Dann aber fahren wir nicht über die I 90 in Richtung Seattle nach Westen, sondern folgen der I 15 weiter nach Süden bis zur Mormonenstadt Salt Lake City in Utah.

Mittlerweile haben wir den Nordwesten verlassen; um zu unserem Ausgangspunkt San Francisco zurückzukehren, müssen wir jedoch wieder weiter südlich gelangen und haben dabei die Möglichkeit, durch eine andere Strecke als die auf der Hinfahrt benutzte entlang der Küste einen Teil des Südwestens mitzunehmen, mit dem wir uns noch ausführlicher befassen werden.

San Francisco liegt etwa in der Höhe von Salt Lake City; wir müssen uns also nur noch nach Westen halten. Dafür bietet sich die I 80 an, die durch Nevada verläuft und durch Reno führt; Reno ist die verkleinerte Ausgabe der weiter im Süden von Nevada gelegenen Spielerstadt Las Vegas und gilt als Scheidungsparadies. Durch die nahegelegene Sierra Nevada ist es auch im Hochsommer nicht so extrem heiß wie Las Vegas. Neben den Spielcasinos ist insbesondere die Harrah-Autosammlung sehenswert.

Reno liegt kurz vor der Grenze von Kalifornien. Wenn Sie noch Zeit haben, die Sie nicht im Großraum San Francisco verbringen wollen, können Sie noch einen Ausflug in die Wüste unternehmen, oder den nördlich von Reno gelegenen Pyramid Lake besuchen. Dort gibt es noch heute wilde Mustangs, die sogar gefangen und an nostalgische Liebhaber verkauft werden. Der Pyramid Lake ist sicherlich interessanter als der direkt an der Grenze zu Kalifornien gelegene Lake Tahoe.

Über San Francisco gibt es zahllose Reiseführer. Verwundern mag vielleicht, daß es nur etwa halb so groß ist wie Vancouver. An Sehenswürdigkeiten seien erwähnt: die Golden Gate Brücke, die Cable Cars (Straßenbahnen mit im Boden verlaufenden Zugseilen), Fisherman's Wharf, Chinatown (fast 100000 Chinesen sollen hier leben), eventuell auch die im Norden von San Francisco in Sausalito liegenden Hausboote.

Auf dieser »großen« Tour haben Sie neben den Staaten und Provinzen des eigentlichen Nordwestens, die eingangs aufgezählt wurden, noch die US-Staaten Utah, Kalifornien und Nevada durchfahren und dazu die Staaten Wyoming (durch den Abstecher zum Yellowstone Park) und den Südwestzipfel von Arizona berührt.

2.08 Der Südwesten

Zum Südwesten der USA gehören vor allem die Staaten Kalifornien, Nevada, Utah und Arizona, eventuell auch noch der Westen der angrenzenden Staaten Colorado und New Mexico.

Innerhalb dieser Gruppe fällt Kalifornien in vielfacher Hinsicht derart aus dem Rahmen, daß es getrennt betrachtet und beschrieben werden muß, und das keineswegs, weil es zufälligerweise auch der größte Staat ist. Wohl ist Kalifornien mehr als eineinhalbmal so groß wie die Bundesrepublik, aber von den anderen Staaten ist nur Utah geringfügig kleiner, Nevada und Arizona aber sind gleichfalls größer als Deutschland.

Am deutlichsten zeigt sich die Sonderrolle von Kalifornien in seiner Bevölkerung. Alle anderen Staaten an der Westküste sind nur sehr dünn besiedelt; von den nordwestlichen Staaten wissen wir das bereits, aber auch für Utah (1,1 Mio Einwohner), Arizona (1,8 Mio) und Nevada (0,5 Mio) trifft das zu. Dafür gibt es mancherlei Ursachen, wie die zum großen Teil unfruchtbaren Berg- und Steppengebiete, die spärlichere Industrialisierung oder auch ganz einfach der weite Weg von der Ostküste aus, auf dem viele Einwanderer unterwegs hängengeblieben sind.

Kalifornien aber ist mit mehr als 20 Millionen Einwohnern der bevölkerungsreichste Staat der USA, hat eine blühende Industrie und auf den fruchtbaren Landesteilen eine ebenso blühende Landwirtschaft. Nur Kalifornien bildet so etwas wie ein Gegengewicht zu den Ballungsgebieten im Osten.

Die beachtliche und weiter rasch wachsende Bevölkerungs-Konzentration in Kalifornien hat den einfachen Grund, daß dieser Staat nach Ansicht der meisten Amerikaner die attraktivsten Lebensbedingungen bietet. Er wirkt deshalb wie ein Magnet, und das, obwohl er in einer der aktivsten Erdbebenzonen dieser Erde liegt.

Landschaftlich ist Kalifornien sehr vielseitig, ebenso klimatisch. Vormittags kann man an der Küste baden, anschließend mit dem Auto in die Berge der Sierra Nevada fahren und dort Skilauf betreiben. In Küstennähe herrscht mildes Meeresklima vor, mit Niederschlägen in den Wintermonaten. Die feuchten, milden Pazifikwinde haben eine bemerkenswerte Auswirkung auf die Vegetation. So werden in Kalifornien nicht nur Zitrusfrüchte oder Oliven und sehr viel Obst oder Gemüse angebaut, sondern – mit Schwerpunkt im Napa Valley – ein Wein, von dem Kenner behaupten, er sei europäischem Wein durchaus ebenbürtig.

Andererseits gibt es im Windschatten der Berge Trockensteppen mit

Dornbüschen und Kakteen und höher in den Bergen Regionen, in denen sich die Wachstumsperiode der spärlichen Vegetation auf wenige Wochen im Jahr beschränkt. Diese so unterschiedlichen Klimazonen auf engem Raum haben zu ganz erstaunlichen Eigenarten der Vegetation geführt, die auf der ganzen Welt einmalig sind und zu »Weltrekorden« Anlaß gegeben haben. Diese Weltrekorde sind es wert, hier etwas ausführlicher gewürdigt zu werden.

In Kalifornien wachsen die höchsten, die mächtigsten und die ältesten Bäume der Welt, was gleichzeitig bedeutet, daß diese Attribute auch für alle Lebewesen gelten!

Um mit den mächtigsten Bäumen zu beginnen: es handelt sich um die Sequoia gigantea. Ihre größten Vertreter sind nach amerikanischen Generalen benannt. »General Sherman« ist mindestens 2000, wahrscheinlich aber 3000 Jahre alt und 84 Meter hoch. Am Boden hat der Stamm einen Umfang von mehr als 30 und einen Durchmesser von über 11 Metern; der Stamm allein wiegt 1300 Tonnen. Im Jahr wächst der Baum noch immer um etwa einen Millimeter, was dem Volumenzuwachs eines Baums von 30 cm Stärke und 15 Meter Höhe entspricht!

Häufiger war früher die Sequoia sempervirens, bekannter unter dem Namen Redwood. Sehr viele wurden abgeholzt, bevor der Rest unter Naturschutz gestellt werden konnte. Es finden sich aber noch genug Vorkommen in Küstennähe, eines davon, der Muir Woods National Monument, dicht bei San Francisco.

Die Redwood-Bäume sind längst nicht so mächtig wie ihre gigantea-Vettern, aber sie werden noch höher. Für den Libby Tree werden unglaubliche 113 Meter genannt, bei einem Umfang von »nur« 13,5 Meter. Das genügt freilich, um manche Redwood-Bäume mit einem Tunnel zu durchlöchern, durch den Autos fahren können, ohne daß dies der Lebenskraft des Baums Abbruch getan hätte! Die ältesten Redwood-Bäume werden auf etwa 2000 Jahre geschätzt.

Bei derart starken Stämmen wie den Sequoia sempervirens oder gar den Sequoia gigantea kann das Alter erst genau bestimmt werden, wenn man sie fällt und die Jahresringe zählt. Das ist bei dünneren Stämmen nicht nötig; mit einem Hohlbohrer wird ein Zylinder entnommen, der es ermöglicht, die Jahresringe auszuzählen und damit das Alter exakt zu bestimmen, ohne daß der Baum gefällt werden müßte.

Deshalb kennt man auch das Alter der »bristlecones« genau, die in der eisigen Sierra Nevada wachsen, im Inyo National Forest an der Grenze zu Nevada, gar nicht so weit vom Kings Canyon/Sequoia National Park entfernt. Man sollte es gar nicht glauben, wie kalt es in dieser Höhenlage im vermeintlich so warmen und sonnigen Kalifornien sein kann: die Wachstumsperiode der bristlecones beträgt pro Jahr nur etwa zehn Wochen.

Mit dieser kurzen Wachstumsperiode ist zumindest teilweise ihr hohes Alter erklärbar. Lange galten die bristlecones als wohl seltsam, wurden aber wenig beachtet, sind sie doch wesentlich weniger eindrucksvoll als die Sequoias. Es sind relativ niedrige Borstenkiefern, deren Stämme verdreht sind und sich immer wieder teilen. Aufmerksam wurde man auf sie erst dadurch, daß sie sich nur hier und nirgendwo sonst auf der Welt erhalten haben. Als man sie untersuchte, stellte man fest, daß es sich hier um die ältesten Lebewesen unseres Planeten handelt! Der älteste bristlecone, der nicht einmal eines Namens gewürdigt wurde, ist viertausendsechshundertundfünfunddreißig Jahre alt! Dabei sind die bristlecones bei Touristen kaum bekannt und viel schwieriger zu erreichen, zumal die Bergregion, in der sie wachsen, nur in den Sommermonaten zu besuchen ist.

Im südwestlich ihres Standorts gelegenen Sequoia National Park gibt es eine sehr artenreiche Fauna und Flora – mehr als 1000 Pflanzen und über 150 Vogelarten werden gezählt. Je weiter westlich man kommt, um so niedriger wird das Land, um so wärmer und milder das Klima. Das hat dazu geführt, daß die Bevölkerung von Kalifornien sich ganz überwiegend an der Küste konzentriert hat. Im Großraum von San Francisco leben mehr als fünf Millionen Menschen, um Los Angeles herum sogar mehr als acht Millionen. Das Hinterland hingegen ist kaum bevölkert, um nicht zu sagen: es ist ausgesprochen menschenleer, was man angesichts des Menschengewimmels an der Küste kaum glaubt. Offensichtlich wird diese Tatsache aber, wenn man bedenkt, daß trotz der Ballungszentren an der Küste die 20 Millionen Einwohner sich auf mehr als 400000 Quadratkilometer verteilen, so daß sich 50 Einwohner pro Quadratkilometer errechnen, ein Fünftel von dem, was wir in Deutschland haben! Selbst Kalifornien bietet also reichlich unberührte Natur.

Im direkten Vergleich mit Kalifornien erscheinen die anderen drei Südwest-Staaten fast bedeutungslos. Alle zusammen haben nur ein Sechstel der Bevölkerung von Kalifornien, sind aber doppelt so groß, so daß die Bevölkerungsdichte weniger als ein Zehntel beträgt. Der Landschaft fehlt die Vielgestaltigkeit von Kalifornien; sie wird geprägt durch die Berge und wüstenartige, versteppte Hochebenen. Gerade diese Landschaft aber hat durch Einflüsse der Witterung und der Klimadifferenzen eine uns Europäern fremde und deshalb besonders eindrucksvolle Großartigkeit entwickelt, die dazu führt, daß eine Reise durch den Südwesten oft mit Fug und Recht als eindrucksvollstes Amerika-Erlebnis bezeichnet wird.

Die Erosion hat seltsame Sachen mit dem meist weichen Gestein angestellt. Es gibt Burgen oder Kirchtürme und sogar weitgespannte Brücken, die nur durch Wetter- und Klimaeinflüsse geformt worden sind, vom Wind oder vom beharrlich rinnenden Wasser. Was diese Einflüsse im Verlauf der Jahrtausende vermögen, offenbart am eindrucksvollsten wohl der Grand Canyon, so daß er hier stellvertretend etwas näher beschrieben sei.

Die Großartigkeit des Grand Canyon zu schildern haben schon viele fähige Schriftsteller versucht, so daß ein bescheidener Sachbuch-Autor sich durch einen ähnlichen Versuch nur blamieren könnte. Begnügen wir uns also mit einer nüchternen Beschreibung.

Der Grand Canyon gilt als tiefste (und längste) Schlucht der Welt. Jedenfalls beträgt die Länge etwa 450 Kilometer, die Höhe am Nordufer fast 2000 Meter, vom Südufer aus 500 Meter weniger. Das vom Colorado River durchschnittene Kaibab Plateau ist eine Hochebene, die sich irgendwann einmal um etwa einen Kilometer gehoben haben soll. Dadurch wurde der Colorado nach Süden gedrängt und gezwungen, sich seinen Weg durch das Gestein zu fressen, bevor er endlich über den Golf von Kalifornien den Pazifik erreicht.

Das ging nicht von heute auf morgen, sondern soll zehn Millionen Jahre gedauert haben! Dabei ist dieser Prozeß noch keineswegs abgeschlossen.

Der Einschnitt offenbart geologische Zusammenhänge über einen Zeitraum von zwei Milliarden Jahren über die freigelegten Gesteinsschichten!

Noch etwas anderes demonstriert der Grand Canyon auf engstem Raum, nämlich die Klimazonen dieser Erde. Auf dem Weg von oben nach unten durchquert man fünf von insgesamt sieben Klimazonen, die es auf der nördlichen Halbkugel gibt – so viele, wie der nordamerikanische Kontinent insgesamt zu bieten hat.

Ein Abstieg auf den Canyongrund ist dringend ratsam, aber schon deswegen anstrengend, weil man ja später wieder hinauf muß. Den Aufstieg am gleichen Tag können nur gut trainierte Touristen ohne Überanstrengung schaffen. Zusätzlich gibt es die Möglichkeit, auf Mulis zu reiten, aber das ist sehr teuer und bedarf auch außerhalb der Hauptsaison einer Voranmeldung. Eine Voranmeldung über einen längeren Zeitpunkt ist auch erforderlich, wenn man auf dem Canyongrund übernachten will, denn die Möglichkeiten dazu sind sehr begrenzt und wildes Camping ist verboten (und wird kontrolliert).

Im Schnellverfahren kann man den Grand Canyon von einem kleinen Sportflugzeug aus besichtigen. Das ist freilich nicht billig und soll auch eine gewisse Nervenstärke voraussetzen, erspart aber die anstrengende Kletterei. Wer Zeit hat, kann auch an den mehrtägigen, berühmten Schlauchboot-Fahrten teilnehmen, die als besonders eindrucksvolles Erlebnis bezeichnet werden.

Ausgangsort für die hier vorgeschlagene Südwest-Tour ist wieder San Francisco, dessen Sehenswürdigkeiten wir uns besser als Abschluß der Reise aufheben, weil wir erst dann wissen, wieviel Zeit uns noch dafür bleibt.

Deshalb suchen wir auch zunächst keine attraktiveren Nebenstrecken, sondern fahren auf der I 80 nach Osten. Nach etwa vier Stunden sind wir in Reno, wo sich eine Besichtigung und Übernachtung anbietet. Wen die Sehenswürdigkeiten der »größten Kleinstadt« (105000 Einwohner) nicht locken, weil er sie später in Las Vegas noch üppiger erhoffen darf, kann auch kurz vor Reno einen Abstecher zum sehr schönen, aber stark kommerzialisierten Lake Tahoe machen. Falls Sie während der Sommermonate reisen, sollten Sie einen Besuch der Spielcasinos freilich nicht bis Las Vegas aufschieben, denn Reno ist durch die Nähe der Sierra Nevada klimatisch viel angenehmer.

Von Reno aus führt die I 80 nach Salt Lake City im Mormonenstaat Utah. Das sind rund 850 Kilometer, was bedeutet, daß man die Strecke kaum in einem Tag schafft, obwohl sie nicht allzu viel zu bieten hat.

Utah gilt als landschaftlich besonders schön, aber das trifft vorwiegend auf den Süden zu, während Salt Lake City im Norden liegt. Die Stadt hat 160000 Einwohner, die Mormonen gelten als besonders fleißig. Der Salzsee hat durchschnittlich 20 Prozent Salzgehalt und liegt in einer flachen, öden Landschaft. Sie ist sogar so flach, daß auf den Bonneville Flats Geschwindigkeits-Weltrekorde gefahren werden können.

Die I 15 verläßt Salt Lake City nach Süden. Kurz darauf zweigt bei Provo von ihr die Nummer 6 ab, der wir folgen. Ab jetzt wird die Landschaft reizvoll. Zunächst kommen wir in die Berge, die allmählich in schroffe und bizarre Klippen übergehen, europäischen Burgen nicht unähnlich. In der Nähe von Green River stoßen wir auf die I 70, der wir kurz nach Osten folgen, bevor wir weiter auf der 191 nach Süden in Richtung Moab fahren.

Nördlich von Moab liegt der Arches National Park. Hier gibt es eine erstaunliche Anhäufung von natürlichen Bogen, die dadurch entstanden sind, daß durch Erosion und den beständig feilenden Wind Durchbrüche in Felsklippen herausgearbeitet wurden.

Südlich von Moab liegt der Canyonlands National Park, der einen Vorgeschmack auf den Grand Canyon bietet. Colorado und Green River vereinigen sich und schneiden mit vereinter Kraft bis 500 Meter tief in den Felsen. Da auch im Canyonlands National Park Bogen, Felsnadeln und andere bemerkenswerte Formationen aus dem Gestein herausgearbeitet worden sind, kann man sich eigentlich den Arches National Park sparen.

Amerikaner dringen meist, wenn sie in dieser Ecke des Landes sind, bis zum Four State Point vor. Es ist dies die einzige Stelle in den USA, wo vier Staaten aufeinandertreffen: Utah, Colorado, New Mexico und Arizona. Ansonsten ist dieser Punkt bedeutungslos und kann ausgelassen werden.

Indianerfreunde werden freilich doch einen Abstecher zum Four State Point in Erwägung ziehen, gruppieren sich doch in dieser Gegend einige Indianer-Reservationen.

Statt dessen bleiben wir auf der 163/191 und fahren über Monticello und Bluff nach Arizona hinein, wo wir schnurstracks den Grand Canyon ansteuern, entweder von der Nord- oder der Südseite.

Im Indianerland liegt auch der Canyon de Chelly, nur umständlich über einen längeren Abstecher kurz nach der Grenze von Arizona zu erreichen. Hier gibt es die berühmten Cliff Dwellings der Ureinwohner, das sind in gigantische Felshöhlen gebaute Lehmdörfer, die dank ihrer geschützten Lage jedem Angriff widerstehen konnten.

Vom Grand Canyon aus führt unser Weg über die I 40, die wir westlich von Flagstaff erreichen, und über die Nummer 93 nach Las Vegas, dem berüchtigten Sündenbabel Amerikas. Viel Geld wird hier verspielt, so daß es sich die Casinobesitzer leisten können, auch viel Geld zu investieren, um Kunden anzulocken. In Las Vegas treten die berühmtesten Größen des Showgeschäfts auf. Landschaftlich ist die unmittelbare Umgebung von Las Vegas weniger reizvoll, aber auf der Nummer 93 sind wir durch eine wirklich erfreuliche Gegend gekommen, der Lake Mead National Recreation Area. Hier lädt der aufgestaute Colorado zum Verweilen ein, wenn man den Lockungen von Las Vegas zu widerstehen vermag.

Westlich von Las Vegas, bereits in Kalifornien, liegt das Death Valley National Monument, das wir über die Nummer 95 und ab Beatty über die

90/374 erreichen. Das Tal des Todes liegt bis zu 84 Meter unter dem Meeresspiegel, ist extrem trocken, wüstenhaft und eine der heißesten Gegenden der Erde. Schon deswegen werden wir uns hier nicht allzu lange verweilen, denn wenn wir so spät im Jahr hier ankommen, daß die Temperaturen erträglich sind, bekommen wir auf dem Rest unserer Tour Probleme.

Reichlich 100 Kilometer westlich des Death Valley Monuments liegt der Kings Canyon/Sequoia National Park. Die in Nord-Süd-Richtung führende Nummer 395 ist bald erreicht, aber der westlich daneben liegende Nationalpark, den wir ja wegen seiner Baumriesen unbedingt besuchen wollen, ist leider von hier aus nicht zugänglich. Nur auf verschlungenen Wegen und mit Hilfe einer guten Karte kann man sich ohne allzu große Umwege südlich herumpirschen und den Park von der Westseite her anfahren.

Ärgerlich ist das vor allem auch deswegen, weil wir den gleichen Weg wieder zurückfahren müssen, um über die 395 zunächst zu den bristlecones zu gelangen und auf ihr auch danach die Fahrt fortzusetzen.

Über die 395 erreichen wir den Yosemite National Park, nachdem wir den Bristlecones einen Besuch abgestattet haben. In den Yosemite fahren wir auf der 120 hinein, über einen mehr als 3000 Meter hohen, im Winter gesperrten Paß, der wie die Straße Tioga heißt. Diese Straße durch den Yosemite Park gehört zweifellos zu den Höhepunkten der Reise!

Auch ansonsten ist der Yosemite sehr reizvoll und attraktiv – und auch leider gut von den Ballungszentren an der Küste aus zu erreichen. Durch eine Hochebene zieht sich tief eingeschnitten das Yosemite Valley; zahlreiche Wasserfälle stürzen zu Tal, darunter die mehr als 700 Meter hohen Yosemite-Fälle.

Der Yosemite Park ist ein würdiger Abschluß unserer Reise durch den Südwesten, denn unser Ausgangspunkt San Francisco liegt auf gleicher Höhe, eine knappe Tagestour westlich. Sollten Sie noch Zeit übrig haben, gibt es in und um San Francisco genügend Gelegenheit, sie sinnvoll zu nutzen und sich wieder etwas von der Zivilisation belecken zu lassen.

Die gesamte Fahrstrecke ist reichlich 4000 Kilometer lang und ist in drei Wochen kaum zu bewältigen, wenn man wirklich alle Möglichkeiten zur Besichtigung der echten Sehenswürdigkeiten ausnutzen will. Selbst vier Wochen sind sehr knapp, sechs Wochen erscheinen angemessen.

3. *Reiten Sie Ihr Steckenpferd*

3.01 Wassersport in der Wildnis

Finnland ist als »Land der Tausend Seen« bekannt; tatsächlich soll es dort sogar fast 100000 Seen geben. In Kanada hat noch niemand auch nur annähernd ermittelt, wie viele Seen es gibt, aber ganz sicher sind es so unendlich viel mehr als in Finnland, daß man Kanada mit Fug und Recht als »Land der Millionen Seen« bezeichnen könnte!

Grund für den außerordentlichen Reichtum an Seen ist der Kanadische Schild. Dabei handelt es sich um eine flachwellige, felsige Ebene von geringer Höhe, von eiszeitlichen Gletschern abgeschliffen, in deren Mulden sich allenthalben Wasser zu Seen sammelt. Die meisten dieser Seen ergießen ihr Wasser in Flüsse, so daß Kanada zumindest im Bereich des kanadischen Schilds von unzähligen größeren und kleineren Flüssen durcheilt wird. Der kanadische Schild umschließt die Hudson Bay und umfaßt annähernd die Hälfte des zweitgrößten Landes der Erde.

Schon vor der Ankunft des weißen Mannes haben die Indianer die Bedeutung der Wasserwege erkannt und diese genutzt. Fernstraßen wie in der Alten Welt hat es dort in der weglosen Wildnis nie gegeben; es war ja viel bequemer, die vorhandenen Wasserwege zu benutzen. Allerdings fühlten sich die Indianer an ihre Stammesgebiete gebunden, die sie höchst selten verließen.

Für die Europäer lag die besondere Bedeutung Kanadas in dessen Pelzreichtum. Insbesondere Biberpelze waren begehrt, weil damals der Gentleman ganz einfach einen Biberpelz-Hut tragen mußte. Während die Engländer ihren Pelzhandel auf den Bereich der Hudson Bay beschränkten, drangen die französischen Pelzhändler auf den indianischen Wasserwegen tief in das Hinterland vor. An Stammesgrenzen waren sie nicht gebunden, sondern wurden überall wegen ihrer begehrten Tauschwaren willkommen geheißen.

Zu diesen Tauschwaren gehörten natürlich nicht nur Feuerwaffen und Feuerwasser, sondern auch viel wichtigere Dinge, wie Wolldecken, die auch naß noch wärmten, Messer und Beile aus Stahl, die den Feuerstein-Werkzeugen unendlich überlegen waren, Nähnadeln und Kochtöpfe.

Rasch gewöhnten sich die Indianer an diese Handelswaren und brachten immer mehr Pelze, so daß es allmählich zu einer Inflation der »Währung Biberfell« kam. Anfang des 18. Jahrhunderts wurden für ein Biberfell acht Messer geboten, hundert Jahre später nur noch ein Messer.

So energisch wurden die Biber von den Indianern gejagt, daß sie selten wurden und die Pelzhändler immer weiter nach Westen vordringen mußten, um genug Pelze heranzuschaffen und den Nachschub nicht abreißen zu lassen. Erst an den Rocky Mountains mußten sie anhalten.

Der gesamte für die Erschließung des Landes so wichtige Pelzhandel wurde mit Birkenrinden-Kanus über die Wasserwege abgewickelt. Die größten Kanus waren 20 Meter lang, aber weniger als zwei Zentner schwer. Bis zu 50 Zentner konnten sie transportieren: acht bis zehn Mann Besatzung, zwei Passagiere und 30 Zentner Handelswaren.

Das Zentrum des Pelzhandels war Montreal. Leider gibt es von dort aus keinen durchgehenden Fluß in die entlegenen Winkel des Hinterlandes, in denen die Pelzhändler ihre Tauschgeschäfte abwickelten. Die Landstrecken zwischen zwei geeigneten Flüssen sowie die Strecken, auf denen ein Fluß durch Wasserfälle oder andere Hindernisse unpassierbar war, wurden (und werden) Portages genannt. Obwohl die Engländer Kanada und damit selbstverständlich auch den lukrativen Pelzhandel schon 1763 übernahmen, blieben die Bootsleute weiterhin Franko-Kanadier, oft mit indianischem Einschlag. Es waren vermutlich die besten Paddler, die es je gegeben hat! Unermüdlich paddelten sie 16 Stunden am Tag und sieben Tage in der Woche, bis das Ziel erreicht war und sie sich während des Winters erholen konnten. Es waren die »Voyageurs«, denen zahlreiche Ortsbezeichnungen auch im fernen Westen ihre französischen Namen verdanken.

Theoretisch kann man eine solche Reise auf den Spuren der Pelzhändler auch heute noch nachvollziehen, denn Land und Flüsse haben sich seit damals praktisch nicht verändert. Man müßte allerdings viel Zeit mitbringen, um auf dem Wasserweg von Montreal nach Westen bis an den Fuß der Rockies zu gelangen, denn selbst die Voyageurs mit ihrem unerhörten Eiltempo schafften eine solche Tour nicht in jedem Jahr und wurden oft genug vom Winter überrascht. Es wäre auch eine zu große Strapaze.

Dafür aber gibt es unzählige Routen, die man in herrlicher, menschen-

n Watson Lake am Alaska Highway ist die ganze Welt durch Ortsschilder vertreten, die Touristen
ort angebracht haben.

istorische Postkutsche und Dampfer in Carcross im Yukon.

An den besonderen Sehenswürdigkeiten des Yellowstone Nationalparks herrscht reger Betrieb.

Überall findet sich im Nordwesten Gelegenheit, an einem idyllischen Fleckchen zu rasten oder zu übernachten.

Viele Campingplätze liegen freilich gleichfalls derart einsam, daß man sich lieber ihrer Annehmlichkeiten bedient, statt „wild“ zu campen. Ein Wohnwagen ist etwas unhandlich, deshalb . . .

entscheiden sich die meisten Amerikaner für ein Wohnmobil. Auch auf dem unteren Foto läßt sich gut erkennen, daß selbst die einfacher ausgestatteten Camping-Plätze einen Grill, die übliche Tisch/Bank-Kombination und eine Feuerstelle haben.

Bizarre Felsformationen kennzeichnen den Canyonland National Park.

Dem Canyonland National Park ähnlich ist der Zion National Park, gleichfalls in Utah.

In den Nationalparks des Südwestens gibt es geführte Touren für Wanderer, Geländewagenfahrer und Reiter.

In den Wüstengebieten des Südwestens gibt es mancherlei Überraschungen. Diese Dünen bestehen aus Gips.

Im Sequoia National Park kann man mit dem Auto auf einen umgestürzten Baumriesen hinauffahren.

Der Generals Highway entlang der Westgrenze des Sequoia und Kings Canyon National Parks in Kalifornien.

Der Mono Lake hinter dem 3000 Meter hohen Tioga-Paß ist der größte Krater-See der Erde. Er versorgt Los Angeles mit Wasser.

Wasserwandern in der Wildnis.

Hier müssen Teilnehmer einer Kanu-Tour einen frisch gebauten Biberdamm überwinden.

Der aufblasbare Kanadier Indio S von Metzeler ist leicht, hat hohen Auftrieb, ist klein zu verpacken und praktisch unsinkbar.

Auf dem Rogue River in Oregon unterwegs mit einem Metzeler-Schlauchboot, geeignet für vier Personen, auch mit Segel oder Motor auszurüsten.

Amerika ist ein Pferdeland. Selbst die Ranger in den Nationalparks sind oft beritten.

Am Westernsattel dieses Palominos ist das Gepäck für einen Distanzritt befestigt. Für längere Touren ist ein Packpferd ratsam.

Unterwegs in praller Sonne – es macht offenbar Pferd und Reiter gleichermaßen Spaß.

leerer Wildnis gemächlich mit dem Kanu paddeln kann und an deren Ziel man wieder Anschluß an die Zivilisation findet. Eine solche Kanutour läßt sich in Kanada fast überall östlich der Rockies in eine motorisierte Reise einbauen. Grundsätzlich ist das auch weiter südlich noch möglich, aber das eigentliche Kanuland ist zweifellos Kanada.

Noch heute überwiegt für solche Touren das Kanu, der »Kanadier«. An seiner Form hat sich seit den Zeiten der Birkenrinden-Kanus kaum etwas geändert, wohl aber am Material. Birkenrinde ist sehr empfindlich und pflegebedürftig, auch würde die Herstellung zu lange dauern und wäre deshalb bei den heutigen Löhnen zu teuer. Es gibt Materialien, von denen die alten Indianer und Voyageurs nur träumen konnten.

Den besten Kompromiß zwischen Preis und guten Eigenschaften dürften laminierte GFK-Boote bieten. Zusätzlich haben sie den Vorteil, leicht repariert werden zu können.

Aluboote sind leichter und noch unempfindlicher – Beulen können leicht wieder herausgedrückt werden, eventuelle Löcher kann man verkleben. Dafür sind Aluboote mindestens doppelt so teuer wie GFK-Boote.

Am billigsten sind Boote aus anderen Kunststoffen als GFK, etwa Polyäthylen. Allerdings sind sie schwerer und auch schwieriger zu reparieren.

Je nach Material liegen die Preise für einen Kanadier zwischen etwa 350 und über 1000 Dollar. Hinzu kommt das Zubehör, wie die Paddel, die vorgeschriebenen Schwimmwesten und eine Spritzschutzplane, zusammen noch einmal mehr als 100 Dollar. Billiger wird es, wenn man das Kanu gebraucht kauft: mit Zubehör ab etwa 200 Dollar.

Ein Kauf lohnt nur bei einer längeren Tour, auch wenn man das Kanu mit entsprechendem Verlust danach wieder verkaufen kann. Eine Miete bietet sich an, aber Wildnisfreunde werden in abgelegenen Gegenden wahrscheinlich keinen professionellen Vermieter finden. Außerdem gilt es, eine Möglichkeit zu klären, wieder zum Startort zurück zu gelangen, wenn man nicht gegen die Strömung eines Flusses anpaddeln will.

Ob Kauf oder Miete, bei einem Kanu gilt der Grundsatz »Länge läuft«. Mindestens fünf Meter lang sollte das Boot sein, sonst ist es zu unruhig. Für den Transport gibt es Elemente aus Kunststoffschaum, die das Autodach schonen und es ermöglichen, ein Kanu auch dann auf dem Autodach zu transportieren, wenn kein Dachgepäckträger vorhanden ist.

Eine Miete ist nicht billig – ab zehn Dollar am Tag muß man rechnen. Diese Kosten kann man sparen und sich auch das Transportproblem auf dem Autodach erleichtern, wenn man sich ein zerlegbares oder aufblasbares Boot aus Europa per Fluggepäck mitbringt. Sinnvoll wird das immer dann sein, wenn man ohnehin eine längere Kanutour plant.

Bei Sport-Berger in München wird ein Alu-Faltkanu angeboten, das die Packmaße 100 × 45 × 20 Zentimeter hat, ohne Zubehör nur 15 kg wiegt und 350 kg tragen kann. Es heißt Ally-Faltkanu.

Wesentlich schwerer ist mit 27 kg der aufblasbare Kanadier Metzeler Indio, aber er hat mit 85 × 55 × 23 Zentimeter ähnlich kompakte Packmaße, trägt 450 kg, ist robuster und unsinkbar. Beide Boote kosten samt Zubehör um 2000 Mark.

Kanus werden bekanntlich nicht mit einem Doppelpaddel, sondern einem Stechpaddel fortbewegt. Bei einer ungeraden Anzahl von Paddlern ist das etwas schwierig und bedarf der Übung, aber für zwei (oder vier) Personen sollte der Lernprozeß nicht allzu lange dauern. Viel länger wird es dauern, sich an die besondere, ungewohnte Muskelbeanspruchung zu gewöhnen. Am besten paddelt man mit dem Stechpaddel nämlich knieend. Schön wäre es natürlich, wenn zumindest bei einem Paddler Grundkenntnisse vorhanden sind, weil man sich damit manchen Ärger erspart. So sollte man etwa wissen, daß man stets nur gegen die Strömung anlegt und der labile Gleichgewichtszustand durch heftige Bewegungen leicht zum Kentern führen kann.

Kentersicher ist auch ein aufblasbarer Kanadier nicht, wohl aber unsinkbar, selbst wenn eine seiner Kammern aufgeschlitzt ist. Es ist also bei allen Kanadiern ratsam, das Gepäck so festzuzurren, daß es auch bei einem nach dem Kentern kieloben treibenden Boot mit diesem verbunden bleibt!

Eine völlig andere Art des Wassersports ist in Nordamerika weit verbreitet, auch in den USA, oder besser: in den USA noch mehr als in Kanada. Dazu bedient man sich sehr großer und vor allem breiter Gummiboote, richtiger ist wohl die Bezeichnung Flöße (rafts). Diese Flöße sind nun wirklich kentersicher und zudem unsinkbar, so daß wir mit mäßigem Risiko verwegene Wildwasserfahrten unternehmen können. Das Gewebe der Flöße ist außerordentlich robust und reißfest, so daß nicht allzu viel passieren kann, solange man nicht ins Wasser fällt.

Per Paddel sind diese unschierigen Boote nur sehr gemächlich und unter erheblichen Anstrengungen zu bewegen, und auch ihre Manövriereigenschaften sind nicht die besten. Wohl kann man sich mit ihnen gemächlich einen Fluß hinabtreiben lassen, aber ihr eigentliches Einsatzgebiet ist Wildwasser.

Eine der bekanntesten und wohl auch eindrucksvollsten Touren mit einem solchen Floß sind die mehrtägigen Fahrten auf dem Colorado durch den Grand Canyon, die unerhört eindrucksvoll sein sollen. Auch in zahlreichen anderen Gegenden finden sich organisierte Wildwasser-Touren mit Gummiflößen. Pro Person und Tag kosten sie etwa zwischen 40 und 100 Dollar, sind also nicht ganz billig. Enthalten ist neben der Führung die Verpflegung und bei Mehrtagestouren auch die Unterkunft, meist in Zelten. In größeren Gruppen geht die Individualität notwendigerweise verloren, aber gerade bei längeren Touren verschweißt das gemeinsame Erleben die Teilnehmer bald zu einer Einheit.

Auch der Rücktransport vom Ziel- zum Startort ist gelöst und im Preis meist enthalten; schließlich muß der Veranstalter ja seine Flöße zum Startort zurückbringen, wo Sie Ihr Fahrzeug gelassen haben.

Seltsamerweise wird auch auf den größeren Seen, wo die Voraussetzungen bestens sind, nur selten gesegelt. Entweder paddelt man, oder man bedient sich der Motorkraft.

Auf manchen Seen im Süden sind neben normalen Hausbooten auch motorisierte Flöße zu mieten, auf denen ein Wohnwagen oder Wohnmobil Platz findet und auch auf dem Wasser Lebensraum bietet.

Gerade im Sommer und vor allem im heißen Süden oder Südwesten möchten Sie bestimmt von Zeit zu Zeit baden und schwimmen. Grundsätzlich ist das in jedem der zahlreichen Gewässer möglich, auch wenn selbstverständlich in unreguliertem Wildwasser die Vorsicht nicht außer Acht gelassen werden sollte. Gerade im heißen Südwesten aber sind Gewässer längst nicht so häufig wie im kühleren Norden – immerhin hat ja der Südwesten in weiten Teilen gerade wegen des seltenen Wassers Wüstencharakter.

Öffentliche Badeanstalten und Schwimmbäder sind eigenartigerweise ungleich seltener als bei uns zu finden. Oft wird dieser Mangel darauf zurückgeführt, daß es zahlreiche natürliche Badegelegenheiten gibt und deshalb an Schwimmbädern kein Bedarf besteht. Im Südwesten trifft dieses Argument freilich, wie erwähnt, nur mit großen Einschränkungen zu.

Andererseits sind dort die privaten swimming pools weit verbreitet und auch in zahlreichen Hotels oder Motels zu finden, so daß das der eigentliche Grund dafür zu sein scheint, daß öffentliche Schwimmbäder kaum vermißt werden.

Mit freizügiger »Oben-ohne«-Bekleidung erregt man selbst im vergleichsweise liberalen Kalifornien unliebsames Aufsehen und handelt sich Ärger ein. Noch viel mehr Ärger ist beim dort unüblichen und unbekannten FKK-Baden zu erwarten. In mancher Hinsicht ist Amerika eben doch recht prüde.

Wasserfreunde werden zweifellos die stärksten Eindrücke bei Kanutouren durch die kanadische Wildnis sammeln, zumal es ansonsten kaum eine Möglichkeit gibt, diese Wildnis ähnlich hautnah zu erleben. Spaziergänge von der Straße aus sind beispielsweise kaum möglich, weil das Unterholz zu hinderlich ist, und Wanderwege gibt es praktisch nicht. Deshalb gerät ein Marsch durch die Wildnis zu einer beträchtlichen Anstrengung und bietet durch die dichte Vegetation auch weniger eindrucksvolle Ausblicke als die Kanufahrt stromab. Die Indianer wußten schon, was sie taten, als sie das Kanu erfanden!

3.02 Reiten im Land der Cowboys

Wir alle kennen aus Romanen und Filmen Indianer und Cowboys, die auf rassigen Rossen über die Prärie jagen, Lassos schwingen oder sich heftig bekämpfen. Das Pferd ist in unseren Vorstellungen untrennbar mit Amerika verbunden; nicht nur passionierten Reitern scheint es naheliegend, drüben ein Pferd zu besteigen und Winnetou oder Old Shatterhand nachzueifern.

Bekanntlich haben die Indianer und Cowboys ihren Pferdebedarf höchst einfach dadurch gedeckt, daß sie aus den Herden der wild herumlaufenden Mustangs die besten herausfingen. Wer gut informiert ist, weiß freilich, daß es sich bei den Mustangs nicht um echte Wildpferde handelte, sondern um verwilderte Hauspferde, deren Vorfahren mit den Spaniern nach Amerika gekommen waren.

Das war gegen Ende des 15. Jahrhunderts. Das Pferd hat wesentlich dazu beigetragen, daß die Ureinwohner so rasch unterjocht werden konnten, glaubten diese doch, es handle sich bei Roß und Reiter um ein einziges, mächtiges Lebewesen.

Unter den für sie einmalig günstigen Lebensbedingungen der nordamerikanischen Prärien verbreiteten sich die entlaufenen Pferde geradezu explosionsartig. Die Scheu der Indianer vor dem Pferd hielt nicht lange an. Zunächst haben sie es wohl als Bereicherung ihres Speisezettels betrachtet, aber sehr bald folgten sie dem Beispiel des weißen Mannes und zähmten gefangene Mustangs als Reitpferde.

Die Prärie-Indianer waren Nomaden, deren Leben von den Wanderungen der Büffelherden abhing. Das Pferd muß ein unendlicher Segen für diese Indianer gewesen sein. Mit seiner Hilfe konnten sie viel leichter dem Bison folgen und ihn jagen. Zudem verhalf ihnen das Pferd bei kriegerischen Auseinandersetzungen mit ihren Nachbarn zu einer klaren Überlegenheit – solange diese selbst noch keine Pferde hatten. Es ist also kein Wunder, daß die Stämme der Prärie-Indianer, zu denen im Norden die Sioux gehörten, und auch die Stämme des Südwestens wie die Apachen, ein Reitervolk wurden und es bereits waren, als die von Osten vordringenden Anglo-Amerikaner sie erreichten. Ohne das Pferd hätten die Indianer dem Vordringen der Weißen längst nicht so lange Widerstand leisten können.

Auch für die weißen Ansiedler war das Pferd noch wichtiger als damals im alten Europa. Die Entfernungen waren viel größer, und das unendliche, frei verfügbare Land verlangte andere Formen der landwirtschaftlichen Nutzung. Um den jungfräulichen Boden aufzubrechen, mußten mindestens fünf Pferde vor einen einscharigen Pflug gespannt werden. Auf den weiten Prärien wurden Rinder extensiv gehalten und übernahmen dort die Rolle des Bisons. Sie mußten durch berittene Hirten zusammengehalten werden – den legendären Cowboys. Nur durch Pferde, die täglich mehrfach gewechselt werden mußten, war es ihnen möglich, die riesigen Herden zu beaufsichtigen.

Amerika ist also seit der Ankunft der Europäer vom Pferd geprägt worden, obwohl es zuvor dort keine Pferde gab. Wirklich nicht?

Tatsächlich stammt das Pferd aus Nordamerika, auch wenn das wenig bekannt ist. Knochenfunde haben eindeutig bewiesen, daß es sich dort entwickelt hat und über damals bestehende Landbrücken nach Eurasien gekommen ist. Damals war es etwa ponygroß und dreizehig. Während es sich in Eurasien weiterentwickelte und überlebte, ist es aus uns unbekannten Gründen in Nordamerika ausgestorben. Erst mit der Ankunft der Europäer kehrte es viele Millionen Jahre später in seine Heimat zurück.

Auch heute noch, im Zeitalter der Motorisierung, hat das Pferd in Amerika eine viel größere praktische Bedeutung als bei uns, auch wenn natürlich seine Nutzung im Freizeit-Bereich überwiegt. Es hat sich dort eine andere Einstellung zum Pferd erhalten und eine Art des Reitens entwickelt, die sich erheblich von dem bei uns üblichen unterscheidet. Dieses »Western-Riding« findet auch bei uns immer mehr Freunde, denen die hier übliche Art des Reitens einfach zu steril ist.

Der Schwerpunkt des western riding liegt natürlich auf dem Ritt in freier Natur, aber auch Sattel, Zaumzeug, Sitz und die Hilfen unterscheiden sich von der europäischen Sportreiterei.

Hier bei uns gilt die Reiterei als schwieriger Sport, den richtig zu erlernen lange Zeit dauert. In Amerika ist man da viel unbefangener. Reiten gilt nicht als schwierige Kunst, sondern als eine dem Autofahren vergleichbare Fertigkeit. Wer nicht Autofahren kann, bekommt eben erklärt, wie Lenkung, Gangschaltung und Pedalerie funktionieren und kann dann langsam losfahren, um sich mit dem Auto vertraut zu machen.

In ähnlicher Weise erklärt man Anfängern, was sie tun müssen, um das Pferd zu den gewünschten Reaktionen zu veranlassen. Nervöse, nervenschwache und eigenwillige Pferde haben dort keine Chance, als Reitpferde eingesetzt zu werden. Anders als bei uns, wo viele Pferde auf ungeübte Reiter störrisch und widerwillig reagieren, erwartet man dort von einem Pferd, daß es in ähnlicher Weise auf die entsprechenden Signale reagiert wie ein Auto. Es wird also auch ungeübte »Fahrer« widerspruchslos transportieren und wunschgemäß Richtung oder Tempo wechseln. Ganz besonders gilt das natürlich für Mietpferde, wie sie beispielsweise auf Gästeranches (dude ranches) zur Verfügung gestellt werden; diese werden nach ihrer Willigkeit und Gutartigkeit ausgewählt.

Die amerikanischen »quarter horses« sind also viel gelassener, nervenstärker und williger als unsere hochgezüchteten Reitpferde. Ein gut eingerittenes Western-Pferd bleibt sogar an seinem Platz stehen, wenn ihm der Reiter die Zügel über den Kopf herunterhängen läßt und sich entfernt.

Möglichkeiten, Pferde zu mieten, gibt es fast überall. Angesichts des Pferdereichtums sind erstaunlicherweise die Mietgebühren freilich nicht ganz billig. Pro Stunde kann man mit etwa zehn Dollar rechnen, in Touristengebieten auch mit mehr. Ein Tag kostet zwischen 25 und 50 Dollar, eine Wochenmiete um 100 Dollar.

Das sind die Preise für ungeführte Ritte, also nur für das Pferd. Handelt es sich um eine Tour, bei der der outfitter neben dem Pferd auch noch die Ausrüstung, Verpflegung, die Unterkunft in Zelten, das Futter für die Pferde und einen Führer stellt, kann dieser Service pro Tag etwa so viel kosten wie die Wochenmiete eines Pferdes: 100 Dollar. Alle diese Preisangaben basieren auf dem Stand von 1987.

Dafür haben geführte Touren den Vorteil, daß auch Anfänger daran teilnehmen können, weil der Führer ihnen mit Rat und Tat behilflich ist und die Pferde versorgt. Zudem führen solche Reittouren durch besonders reizvolle Gegenden, die der Führer kennt und erklären kann. Das größte Problem für den Anfänger liegt weniger darin, mit dem Pferd zurecht zu kommen, denn das folgt den anderen Pferden. Vielmehr muß die Muskulatur sich an die ungewohnte Beanspruchung gewöhnen, ähnlich, wie das ja auch beim Paddeln eines Kanus der Fall ist. Ohne Muskelkater wird das kaum abgehen, aber die Tagesetappen sind nicht lang, so daß man den Ritt in halbwegs guter Verfassung überstehen wird.

In aller Regel wird man eine Nordamerika-Reise mit zwei Personen unternehmen. Wenn für einen geführten Wochenritt weit über 1000 Dollar ausgegeben werden müssen, überlegt man sich natürlich, ob es nicht möglich wäre, billiger wegzukommen. Die reizvolle Alternative scheint zu sein, ohne Führer allein loszureiten. Das um so mehr, wenn die geeignete Ausrüstung, wie Zelt, Kochgeschirr, Schlafsäcke usw., ohnehin vorhanden ist.

In aller Regel wird es erforderlich sein, neben den Reitpferden für zwei Personen noch ein Packpferd zu mieten; bei einer geführten Tour ist es Sache des Veranstalters, für den Transport der Verpflegung und der Ausrüstung Sorge zu tragen. Noch immer aber ist die Verbilligung beachtlich.

Es kommt hinzu, daß ein Ritt auf eigene Faust und ohne die Gesellschaft einer geführten Gruppe sehr viel mehr den Vorstellungen von Individualisten über einen Ritt durch den Wilden Westen entspricht. Leider aber ist die Verwirklichung nicht ganz so einfach, wie sie zunächst zu sein scheint.

Zunächst sollten Sie schon einige Erfahrung mit Pferden haben, bevor Sie sich auf eigene Faust allein per Pferd in die Wildnis begeben. Auch das gutartigste Pferd scheut vor einer Klapperschlange, wirft Sie vielleicht ab und genau dem Reptil vor die Giftzähne. Oder das Pferd tritt in einen Präriehundbau und bricht sich ein Bein. Oder es läuft Ihnen, nachdem es Sie abgeworfen hat, auf und davon.

Western-Pferde brauchen nicht so viel Pflege wie unsere Reitpferde, sie sind viel robuster. Dennoch muß man auf einem mehrtägigen Ritt schon etwas »Pferdeverstand« erworben haben. Zudem muß man wissen, wie man sich in den geschilderten und zahllosen anderen denkbaren Notsituationen zu verhalten hat bzw. wie man verhindert, daß es überhaupt dazu kommen kann. Eines jedenfalls haben Western-Pferde den europäischen Reitpferden voraus: sie benötigen bei normaler Beanspruchung keine täglichen Kraftfutter-Rationen, um leistungsfähig zu bleiben, so daß Sie nicht größere Mengen Hafer mitschleppen müssen.

Laien erscheint das als keine besondere Tugend, aber erfahrenere Reiter, die unsere Pferde kennen, wissen, was das bedeutet. Wenn Sie also einige Erfahrungen im Umgang mit Pferden haben, können Sie wirklich einen Wildnisritt ohne Führer erwägen.

Ob die Erwägungen schließlich positiv ausfallen, ist selbst dann fraglich. Sie müßten nämlich auch ausreichende Kenntnisse über das Leben in der Wildnis haben, die Orientierung mit Kompaß und Karte beherrschen und in der Kunst des Survivals geübt sein.

In bewaldeten Gebieten ist wegen des dichten Unterholzes ein Ritt nicht oder nur unter großen Schwierigkeiten möglich. Ähnliches gilt, wenn auch aus anderen Gründen, für Berge, Sümpfe und vegetationslose Wüste. Was bleibt, ist die Savanne, die Prärie, vielleicht die steppenartige Halbwüste.

Gerade in diesen offenen Gegenden ist das ansonsten ja keineswegs seltene Wasser oft nur schwer zu finden. Ein Pferd aber benötigt bei heißem Wetter und körperlicher Anstrengung davon bis zu 50 Liter am Tag, von Ihrem eigenen Bedarf ganz zu schweigen.

Die amerikanische Wildnis ist wirklich eine solche und keine gepflegte Forstplantage in dicht besiedelter Gegend, wie wir das von deutschen Verhältnissen her gewohnt sind. Das erfordert eine andere Denkweise, viel mehr Vorsicht und Voraussicht.

Über die zurückzulegenden Entfernungen sollte man sich vor allem als Anfänger in der Reiterei keine Illusionen machen, wenn man die Route plant. Ziel soll es ja nicht sein, eine gegebene Entfernung möglichst rasch zu bewältigen, sondern ein möglichst intensives Erlebnis zu haben. Selbst bei geübteren Reitern und problemlosem Gelände sind unter solchen Voraussetzungen 50 Kilometer am Tag eine gute Leistung. Kommen noch die Gewöhnungsschwierigkeiten weniger geübter Reiter hinzu, vielleicht auch das Bedürfnis, einmal einen Tag an einer besonders idyllischen Stelle zu rasten, ist auch das noch zu viel.

Unter dem Strich bleibt bei einem Wochenritt eine halbwegs angenehm zu bewältigende Strecke von rund 300 Kilometern übrig – wenn man ein halbwegs geübter Reiter ist. Diese Strecke wird sinnvollerweise so gelegt, daß sie auch wieder am Ausgangsort endet, also eine Schleife oder ein Kreis geritten wird. Mit dem Verleiher wird man besprechen, welche Strecke man reitet, welchen landschaftlichen Merkpunkten man folgt und wann man wo sein will. Ergibt sich dann ein Problem, weiß jemand, wo Sie zu finden sind.

Probleme sind nie auszuschließen – denken Sie nur an das erwähnte

Beispiel, daß ein Pferd sich ein Bein bricht, worauf Sie als Reiter nur sehr bedingt Einfluß nehmen können. Es wird Ihnen dann nichts anderes übrig bleiben, als das Pferd zu erschießen – wozu Sie natürlich ein Gewehr benötigen.

Ein Gewehr ist auch ansonsten hilfreich, wenn der – allerdings unwahrscheinliche – Fall eintreten sollte, daß ein Bär oder ein Puma Appetit auf Pferdefleisch verspürt.

Wie Sie dem nächsten Kapitel entnehmen können, ist es in Amerika problemlos möglich, ein Gewehr zu kaufen und zu »führen«, d.h. mitzunehmen. Der Gebrauch ist dann allerdings eingeschränkt, aber darüber werden Sie noch mehr erfahren. Es ist vielleicht eine Überlegung wert, den Ritt durch die Wildnis ganz nach Art der Indianer auch dazu zu nutzen, sich einen Teil der Verpflegung durch die Jagd oder den Fischfang selbst zu beschaffen. Damit aber sind wir bereits bei dem nächsten Kapitel angelangt.

3.03 Jagen und Fischen: das Paradies für Jäger und Angler

Schon mehrfach mußten in diesem Buch Superlative bemüht werden, um Nordamerika und die Möglichkeiten, die es bietet, zu beschreiben. Das birgt die Gefahr in sich, der Übertreibung bezichtigt zu werden; man verliert leicht die Glaubwürdigkeit.

Dennoch muß ein weiterer Superlativ strapaziert werden, wenn es um die Möglichkeit geht, die Nordamerika Jägern und Anglern zu bieten hat: nirgendwo sonst auf der Welt gibt es Vergleichbares!

In Nordamerika gibt es manche in Europa unbekannte Tierarten, wie Opossum, Skunk, Puma, Pronghorn-Antilope; auch der Waschbär ist ein Amerikaner, der lediglich bei uns ausgesetzt wurde.

Umgekehrt gibt es bei uns einige in Amerika unbekannte Tiere, wie etwa das Wildschwein, und es gibt hier wie drüben miteinander verwandte Arten.

Schließlich aber gibt es in Nordamerika Tiere, die wir auch in Europa finden. Sie haben sich freilich den veränderten Verhältnissen angepaßt, und das mitunter auf erstaunliche Weise. Als bestes Beispiel mag ein europäischer »Einwanderer« dienen, der erst kurz vor dem ersten

Weltkrieg nach Nordamerika gekommen ist: unser Feldhase. Er wurde dort ausgesetzt und ist vor allem in Ontario, aber auch in den angrenzenden Provinzen und US-Staaten heimisch geworden. In der relativ kurzen Zeit hat er sein Gewicht schlicht verdoppelt! Wiegt bei uns ein strammer Hase fünf Kilo, so sind es drüben zehn und mehr Kilogramm!

Riesenwuchs gehört zu den wirksamsten Maßnahmen, mit denen die Natur ihre Geschöpfe vor der Kälte schützt. Auch wenn es zunächst unglaubhaft klingt: mit wachsender Körpergröße verringert sich die der Kälte ausgesetzte anteilige Körperfläche.

Das bei Jägern begehrteste europäische Wild dürften Elch, Hirsch und Bär sein. Ein starker osteuropäischer oder skandinavischer Elch wiegt aufgebrochen, d.h. ohne Eingeweide, um 250 Kilogramm. Im milden Osten von Nordamerika sind es 350 Kilo, im Westen 450 Kilo, aber im Nordwesten, in Alaska und im Yukon Territory, kommt eine wahrhaft gigantische Art vor, die in ihrem lateinischen Namen auch den beziehungsvollen Namen »gigas« führt. Sie wiegt bis zu 750 Kilo!

Unserem europäischen Rothirsch entspricht weitgehend der amerikanische Wapiti, auch wenn es erhebliche Unterschiede gibt. Vor allem im Gewicht: ein starker europäischer Hirsch wiegt 150 kg, ein kapitaler Wapiti aber bis 350 kg, ist also sogar noch schwerer als ein europäischer Elch! Übrigens kommt es oft zu Verwechslungen, weil der Wapiti drüben elk genannt wird, ein Elch aber moose!

Die Aufzählung könnte längere Zeit fortgesetzt werden, soll aber nach einem letzten Höhepunkt abgeschlossen sein. Zuweilen wird in Skandinavien noch ein Bär um 200 kg erlegt, aber das ist sehr selten. Der Kodiak-Bär gehört zur gleichen biologischen Art wie unser Braunbär, erreicht über 500 kg und wird damit doppelt so schwer wie ein europäischer Kapitalelch!

Die ökologische Nische unseres Rehwilds wird in Nordamerika von drei verschiedenen deer-Arten besetzt, von denen der Weißwedelhirsch am häufigsten ist; er erreicht wie seine beiden Verwandten etwa das Gewicht unseres Rothirschs. Sehr häufig und relativ leicht zu bejagen ist der Schwarzbär.

Man darf nun allerdings nicht glauben, daß die Wilddichte wegen der günstigeren Verhältnisse und der vergleichsweise geringen Bejagung höher sei als bei uns. Im Gegenteil: durch die extrem harten Verhältnisse und die natürlichen Feinde kommt es zu einer strengen Auslese und zu einer verhältnismäßig geringen Wilddichte, während das Wild bei uns unter unnatürlich günstigen Verhältnissen dichter zusammenlebt.

Zudem wird drüben die Bejagung erschwert, weil die Wildnis viel unzugänglicher und unübersichtlicher ist als unsere gepflegten Forstplantagen. Es ist also vergleichsweise schwer, Wild zu erbeuten.

Durch das Buschflugzeug und den Motorschlitten sind auch abgelegene Gebiete für Jäger erreichbar, so daß selbst dort ein immer höherer Jagddruck entsteht. Die Regierung ist bemüht, das Wild zu schützen. Außer den Jagdzeiten, die in jedem Jahr neu festgelegt werden, hat sie noch andere Möglichkeiten. So muß in manchen Gebieten jeder Jäger neben der ohnehin obligaten leuchtend roten Kopfbedeckung bei der Jagd auf Hochwild einen schneeweißen Anzug tragen! Angeblich, um ihn selbst vor anderen Jägern zu schützen, die in der Tat rasch den Finger krumm machen, wenn sich etwas verstohlen durch den Wald bewegt. So ganz kann diese Begründung aber schon deswegen nicht stimmen, weil Bogenjäger von dem weißen Anzug befreit sind und Tarnkleidung tragen dürfen.

Bevor wir auf die Bogenjäger zurückkommen, muß etwas Grundsätzliches zur amerikanischen Jagdausübung festgestellt werden. Bei uns gibt es das Reviersystem, in Amerika das Lizenzsystem. Hier muß man das Recht zur Jagdausübung in einem bestimmten Revier pachten und darf dann dort die Jagd exklusiv ausüben. Drüben kauft man sich einfach eine Lizenz auf eine oder mehrere Wildarten und darf dann damit überall (von wenigen Ausnahmen abgesehen) innerhalb der geltenden Bestimmungen jagen. Ein Qualifikationsnachweis, wie hier durch die Jägerprüfung, wird nicht gefordert.

Die Lizenz gilt für eine bestimmte Wildart und davon meist für jeweils ein Exemplar innerhalb der Provinz oder des Staates. Es gibt drei unterschiedliche Gebührenstaffeln. Am billigsten jagen Bürger des Staates bzw. der Provinz, dann kommen Bürger des Landes aus anderen Staaten/Provinzen, und schließlich Ausländer.

Nicht alle Wildarten sind überall freigegeben. Zuweilen wird eine begrenzte Zahl von Lizenzen auf seltenere Wildarten nur unter den Einwohnern des Staates ausgelost. So ist es nur in wenigen Gebieten möglich, als Ausländer eine Wapiti-Lizenz zu bekommen.

Die Jagd (und die Sportfischerei, für die grundsätzlich die gleichen Bedingungen gelten) ist also viel unbürokratischer und billiger als bei uns. Nur einen Schönheitsfehler gibt es: mittlerweile müssen sich fast überall ausländische Jäger auf Hochwild eines professionellen Führers bedienen, und der ist teuer!

Bogenjäger sind oft von der Führerpflicht befreit und müssen sich ja auch nicht in die auffällige weiße Kleidung hüllen. Zudem haben sie auch längere Jagdzeiten als Büchsenjäger, und in einigen Gebieten darf nur mit dem Bogen gejagt werden. In den anderen Gebieten, wo Bogenjäger gemeinsam mit Büchsenjägern dem Wild nachstellen, haben sie »Vorfahrt«, wenn zwei Jäger unabhängig voneinander dem gleichen Wild nachstellen, leben aber auch gefährlicher, wenn sie wegen ihrer Tarnkleidung mit Wild verwechselt werden...

In Europa ist die Bogenjagd verboten, in Amerika hingegen hat sie eine große Tradition und gilt als besonders waidmännisch, muß der Jäger sich doch bis auf etwa 30 Meter heranpirschen, um sein Wild erlegen zu können. Ein moderner Compound-Bogen hat eine gewaltige Durchschlagskraft, auch wenn er nicht annähernd eine Feuerwaffe erreicht. Selbst Grizzlies werden damit erlegt! Man kann den Bogen übrigens, wie einige der Fotos zeigen, nicht nur zum Erlegen von Wild, sondern auch für große Fische verwenden.

Büchsen und Schrotflinten dürfen von Erwachsenen überall problemlos erworben werden. Auch insofern ist es also kein Problem, in Nordamerika zum Jäger zu werden.

Besonders reizvoll ist für viele europäische Jäger die Jagd auf Niederwild, also auf die verschiedenen Arten von Hasen oder Kaninchen, von Hühnern und Enten und vor allem auf Gänse. Selbstverständlich ist die Kanada-Gans die größte Gans, viel größer als unsere Graugans. Die Gänse brüten im Norden und ziehen im Herbst gen Süden. Auf ihrem Flug fallen sie zu Zehntausenden auf den Seen oder auf Äsungsflächen ein und werden von dort verborgenen Jägern erbeutet. Der Besatz an Kaninchen und Hühnern ist zyklisch; zeitweise sind sie überaus reichlich, in anderen Jahren nur selten zu finden.

Wer von seiner Nordamerika-Reise mit einer Jagdtrophäe heimkehren möchte, wird nicht umhin kommen, sich der Dienste eines professionellen Jagdführers zu versichern, weil sonst die Erfolgschancen zu gering sind, selbst wenn die Jagd ohne Führer erlaubt sein sollte. Selbst in guten Jagdgebieten und unter ortskundigen Einheimischen liegt die Erfolgsquote im Verhältnis zu den ausgegebenen Lizenzen selten über 25 Prozent, bei geführten Jagden hingegen oft dreimal so hoch. Die Veranstalter/Führer (outfitters/guides) sind Profis, die ihre Kunden per Buschflugzeug in entlegene Gebiete bringen, wo nur sie zahlende Jagdgäste führen dürfen und einheimische Jäger kaum hinkommen. Dort sorgen sie dafür, daß der Wildbestand erhalten bleibt.

Allerdings spricht nichts dagegen, mit einer Niederwild- oder Flugwild-

Lizenz ohne Führer zu jagen und etwas für den Kochtopf zu erbeuten. Man sollte jedoch bedenken, daß die jeweiligen Lizenzen nur innerhalb des Staates/der Provinz gelten; auch wenn sie relativ billig sind, lohnen sie nur, wenn sie entsprechend genutzt werden.

Sehr gut verbinden läßt sich eine Kanu-Tour oder ein Wildnis-Ritt mit einer Niederwildjagd. Bei solchen Gelegenheiten wird man auch gelegentlich Großwild sehen, das vor Reitern weniger scheut als vor Menschen zu Fuß und vom Kanu aus vor allem in den Abendstunden gut beobachtet werden kann.

Angler haben es noch viel leichter als Jäger, unterliegen sie doch nicht der Führerpflicht und können ihrem Hobby, wenn sie eine Lizenz gelöst haben, an jedem Bach oder See nachgehen. Angler sind in Nordamerika noch viel häufiger als Jäger – fast jeder Knirps hält irgendwo geduldig seine Angel ins Wasser. Für Amerika gehört Jagen und Angeln viel mehr als bei uns zusammen; während hier die Welt sich in Jäger und Angler unterteilt, gibt es dort den Sport mit »rod and gun«, mit Angelrute und Büchse.

Wer zu den zahlreichen Nordamerikanern gehört, der sein Hobby in freier Natur sucht, der packt zumindest eine Angelrute in den Geländewagen oder das Boot, oft auch ein Gewehr. Das Erlegen eines warmblütigen Tiers ist allerdings für viele Menschen mit einer Hemmschwelle verbunden; wohl deshalb ist die Jagd nicht ganz so weit verbreitet wie der Volkssport Angeln. Hinzukommen mag, daß während der Haupt-Urlaubszeit gut zu angeln ist, während die meisten jagdbaren Tiere Schonzeit haben und die Jagd erst im Herbst ihren Höhepunkt erreicht.

Leider ist es nicht damit getan, irgendwo unterwegs am Straßenrand anzuhalten, zum benachbarten Seeufer zu gehen und dort ohne weitere Vorkenntnisse seine Angel auszuwerfen. Gewiß, auch dann kann ein Anfänger Erfolg haben, aber die erfolgreiche Sportangelei ist eine Kunst, eine Wissenschaft fast, und ohne Vorkenntnisse wird es kaum gelingen, größere Fische zu überlisten.

In Nordamerika ist das Sportangeln zu einem wahren Kult erhoben worden; jeder Angler ist ein Experte und offeriert freiwillig seine Geheimnisse. Diese Erfolgsrezepte sind allerdings derart unterschiedlich, daß man besser beraten ist, sich zunächst einmal die theoretischen Grundkenntnisse über die Fischarten und die darauf möglichen Arten des Angelns und der Köder anzueignen und danach eine Grundausrüstung zusammenzustellen. Die Grundausrüstung kann nach der Jahreszeit und den zu angelnden Fischen eingeschränkt werden.

Sportangler träumen von den nordamerikanischen Salmoniden, zu denen vor allem die verschiedenen Arten der Forellen und Lachse zählen. Die Regenbogenforelle kann bis zu 17 kg schwer werden, wiegt aber meist nur drei oder allenfalls vier Kilo. Die Seeforelle soll bis zu 50 kg erreichen! Viel leichter, nämlich nur etwa maximal fünf kg, wird der Saibling, aber man schätzt ihn wegen seines delikaten Geschmacks. Meist wiegt er weniger als zwei kg.

Unsere Bachforelle kommt auch in Nordamerika reichlich vor. Sie wiegt meist um ein Kilogramm, aber es sollen Exemplare mehr als 15 kg erreicht haben! Die größte Delikatesse soll der Arctic Red Char sein, aber er kommt nur in nördlichen Regionen vor und wiegt durchschnittlich zwei kg. Auch den Atlantischen Lachs kann man in den mit dem Atlantik verbundenen Gewässern fangen – er erreicht bis zu 40 kg!

Als wilde Kämpfer gelten die Raubfische und sind deshalb bei den Sportanglern besonders beliebt. Star ist der Tiger Musky, so genannt nach dunkleren Streifen auf der hellen Haut. Er wird bis zu 35 kg schwer. Der auch bei uns häufige Hecht ist drüben noch viel häufiger und wird sehr oft gefangen; er erreicht bis zu 20 kg. Unser Zander wird 10 kg schwer und ist in ungeheuren Mengen zu finden, so daß er weniger wegen des Sports als vielmehr wegen seines köstlichen Geschmacks gefangen wird.

Auch die Friedfische erreichen beachtliche Gewichte. So soll der Rekord für den Stör bei 70 kg und einer Länge von zweieinhalb Metern liegen! Karpfen erreichen 25 kg.

Obwohl ganz Nordamerika angelt und einige Tage vor Beginn der Fangzeit Tausende von Autos zu den besten Fischgewässern rollen, kann man frische Fische kaum kaufen. Ebenso wie erlegtes Wild dürfen sportlich gefangene Fische nämlich nicht verkauft werden, man muß sie selbst verzehren oder verschenken, wenn man ihnen nicht die Freiheit zurückgibt! Damit und mit einer Begrenzung der Tagesstrecke wird einer allzu heftigen Überfischung vorgebeugt.